ERNST VOLK

Anfechtung und Gewißheit des Glaubens

Die sieben Sendschreiben
der Offenbarung des Johannes
ausgelegt

FREIMUND-VERLAG

Die Deutsche Bibliothek – CIP-Einheitsaufnahme

Volk, Ernst:
Anfechtung und Gewißheit des Glaubens : die sieben Sendschreiben der Offenbarung des Johannes ausgelegt / Ernst Volk. – Neuendettelsau : Freimund-Verl., 1998
ISBN 3-7726-0192-8

© Freimund-Verlag Neuendettelsau 1998
Umschlagbild: Hans Memling, Detail aus »Der Seher Johannes«
Satz und Druck: Freimund-Druckerei Neuendettelsau

Meiner lieben Frau

Inhalt

Vorwort 7

Ephesus 14
   Exkurs:
   Ephesus in der Geistes- und Religionsgeschichte . . . 16
   Exkurs:
   »Das Gesetz der Welt« – eine stets neue Versuchung . 29
   Exkurs:
   Die Nikolaiten – sexuelle Freizügigkeit und Askese . 35

Smyrna 41
   Exkurs:
   Christsein als Ärgernis 49
   Exkurs:
   Synagoge und Christengemeinde im Konflikt 51

Pergamon 61

Thyatira 78
   Exkurs:
   Thyatira – die unansehnliche Stadt 79
   Exkurs:
   Die bürgerliche Gerechtigkeit und der Ruhm,
   den wir bei Gott haben sollten 82
   Exkurs:
   Die Gnosis und das mann-weibliche Prinzip 88

Sardes 99
   Exkurs:
   Schrift und Tradition 110

Philadelphia 119
   Exkurs:
   Die Schlüsselgewalt Christi
   und die Schlüsselgewalt des Petrus 128

Laodicea 137
   Exkurs:
   Naturreligiöse Spuren
   in der Entstehungsgeschichte Laodiceas. 140

Literatur 156

Personenregister 159

Ortsregister 161

Bibelstellenregister 163

Karte 169

Vita des Autors 171

Vorwort

Die Offenbarung des Johannes, das letzte Buch der Bibel, hat von jeher die Menschen fasziniert. In Zeiten der Verfolgung, in mancherlei Bedrängnissen und Anfechtungen haben Christen immer wieder aus diesem Buch Zuversicht und Hoffnung geschöpft. Die Gewißheit, daß der HERR mitten in seiner Gemeinde lebt und ER auch unter seinen Feinden herrscht, ist ein nie versiegender, heute oft vergessener Kraftquell der Christenheit.
Zugleich aber hat die geheimnisvolle Bildersprache und die in diesem Buch immer wiederkehrende Zahlenmystik[1] Grübler und Schwärmer dazu verführt, das bevorstehende Weltende und die Wiederkunft Christi zu berechnen.
Zur Reformationszeit war es z. B. der Lutherschüler Michael Stifel, der entgegen den Warnungen Luthers die Wiederkunft Christi auf die Morgenstunden des 19. Oktober 1533 berechnete. Wie groß aber war die Enttäuschung Michael Stifels und der Zorn und die Wut der sich betrogen fühlenden Massen, als dieser 19. Oktober wie jeder andere Tag verstrich.
Der große und fromme Bibelgelehrte Johann Albrecht Bengel (1687–1752) rechnete den Jüngsten Tag für den Sommer 1836 aus. Johann Heinrich Jung-Stilling (1740–1817), erweckter Zeitgenosse eines Goethe und Lavater, übernimmt in seiner Auslegung der Offenbarung des Johannes die Berechnungen Bengels. Er sieht in der Französischen Revolution die in der Johannesoffenbarung geweissagte Ausgießung der ersten »Schale des Zornes« (Offb 16, 2). Der lutherische Theologe Ernst Wilhelm Hengstenberg (1802–1869) will in der »Demagogie« der Revolutionäre von 1848 den Aufstand von Gog und Magog (Offb 20, 8) erkennen; ganz zu schweigen von immer wieder korrigierten Berechnungen der »Zeugen Jehovas«.

---

[1] 7 Gemeinden, 7 Sterne, 7 Leuchter, 7 Siegel, 7 Plagen, 7 Schalen des Zorns, die vier apokalyptischen Reiter, das sog. tausendjährige Reich, die Zahl 666 als Zahl des Antichristen und dgl. mehr.

Sie alle haben sich getäuscht! Das mahnende und alle Berechnungen über den Haufen werfende Wort Jesu, daß niemand Zeit oder Stunde seiner Wiederkunft weiß (Matth 25, 12; Mk 13, 32; Apg 1, 7), wurde überhört und beiseite geschoben, so sehr war man von der Zahlensymbolik der Johannesoffenbarung geblendet.

Doch trotz der Verirrungen dieser Männer ist nicht zu verkennen, daß ihnen im Lichte der Johannesoffenbarung tiefe Einsichten in die Tendenzen der Neuzeit gegeben wurden. Sie hörten gleichsam schon das leise Knistern im Gebälk einer scheinbar festgefügten christlichen Welt, die langsam und unmerklich aus den Fugen geht. Mit Schrecken und heimlichem Grauen ahnten sie, daß der große »Abfall« (2. Thess 2, 3; 1. Tim 4, 1) heraufdämmert und die Zukunft des »Menschen der Sünde«, des Antichristen, anbricht. *Dagegen* wollten sie ihre mahnende Stimme erheben.

Darin aber waren sie – allen falschen Berechnungen zum Trotz – *nüchterner* als ihre Zeitgenossen, die vom »Reich des Menschen« träumten, das kraft Vernunft und Aufklärung sich immer höher und edler entfalten sollte. Diese an der Bibel und insbesondere an der Offenbarung des Johannes geschulten frommen Mahner erkannten, daß das vermeintlich so fortschrittliche »Reich des Menschen« mit seinen (atheistischen) Grundlagen zum Alptraum werden muß, denn »wenn jedes Ich sein eigner Vater und Schöpfer ist«, dann kann es »auch sein eigener Würgeengel sein« (Jean Paul). Der »große Abfall« von Gott und seinem Christus wurde zum Nährboden aller totalitären Systeme der Neuzeit mit Krieg, Mord, Terror, Folter und Konzentrationslagern.

Vergessen und verleugnet wurde in der Neuzeit gerade die biblisch-neutestamentliche Einsicht, daß mit Jesu Kreuz, Auferstehung und Erhöhung zur Rechten Gottes die Endzeit bereits begonnen hat. Er *hat* seine Herrschaft bereits angetreten: »Sehet, *jetzt* ist die angenehme Zeit, *jetzt* ist der Tag des Heils!« (2. Kor 6, 2; Jes 49, 8; Luk 4, 19. 21). Zugleich aber gilt auch, daß auf die Gemeinde Christi »das Ende der Welt gekommen« (1. Kor 10, 11) und so »das Ende aller Dinge nahegekommen ist« (1. Petr 4, 7)!

Die Christenheit lebt im Horizont des Jüngsten Tages. Sein

Morgenrot leuchtet schon in diese Zeit hinein. Ist aber »das Ende aller Dinge nahegekommen«, so geht es nicht darum, irgendein Datum zu berechnen, sondern es gilt, im Hören, im Glauben, in der Liebe Christi, im Bekennen und im Leiden wachsam und bereit zu sein.

Dieser Sicht widersprechen nicht die anderen neutestamentlichen Aussagen, daß das Ende noch nicht da sei (Matth 24, 6; Mk 13, 7; Luk 21, 9). Die Zeit stürzt weiter der Zukunft entgegen. Sie verstreicht. Aber im Verstreichen der Zeit ist ER, der kommende Herr, schon Gegenwart und erwartet unser Vertrauen. So steht alles Berechnen der Zeiten in der gefährlichen Versuchung, wissen zu wollen statt zu vertrauen. Statt auf sein Wort zu bauen, vertraut man irrigen menschlichen Berechnungen.

Martin Luther hat diese Gefahr erkannt. Das macht verständlich, warum er in der ersten Vorrede zur Offenbarung des Johannes dieses letzte Buch der Bibel für nicht apostolisch hält.[2]

Kurz und knapp begründet er, warum er dieses Buch »weder apostolisch noch prophetisch« halten könne. »Aufs erste und allermeist, daß die Apostel nicht mit Gesichten umgehen, sondern mit klaren und dürren Worten weissagen wie Petrus, Paulus, Christus im Evangelium auch tun; denn es auch dem apostolischen Amt gebührt, klärlich und ohne Bild oder Gesicht von Christo und seinem Thun reden...«

Da aber die Johannesoffenbarung so überreich mit Gesichten und Bildern erfüllt ist, erinnere ihn dieses Buch an jenes apokryphe 4. Buch Esra. Er könne »allerdinge nicht spüren, daß es von dem Heiligen Geiste gestellt sei«. Zum anderen, so fügt Luther hinzu: »Es haben auch viele der Väter dies Buch vor Zeiten verworfen...« »Darum«, so schließt er die kurze Vorrede, »bleib ich bei den Büchern, die mir Christum hell und rein dargeben!«[3]

Der Vergleich des letzten Buches der Bibel mit dem merkwürdigen 4. Buch Esra wird von der gegenwärtigen For-

---

[2] So im Septembertestament von 1522, seiner ersten Übersetzung des Neuen Testamentes, der Frucht seines Wartburgaufenthaltes; siehe W 2 XIV 141; EA 63, 170.

[3] W 2 XIV 140 f.; EA 63, 69 f.

schung auf verblüffende Weise bestätigt. Seit dem 19. Jahrhundert spricht man deshalb auch von »apokalyptischer Literatur«, zu der neben dem Buch Daniel und der Johannesoffenbarung auch das 3. und 4. Buch Esra gezählt werden, das 2. Buch Baruch, die Himmelfahrt des Mose, das Buch Henoch und je eine Abraham-, Elias- und Petrusapokalypse. Es ist erstaunlich, mit welcher Treffsicherheit Luther damals das letzte Buch der Bibel geschichtlich einstufte. Es waren aber – wie aus seiner Vorrede ersichtlich – nicht nur literarkritische Beobachtungen, die ihn gegenüber der biblischen Johannesoffenbarung mißtrauisch sein ließen. Es ist vielmehr auch das Zeugnis der »Väter«, d. h. der ältesten Kirchenväter, die der Johannesoffenbarung ihre Apostolizität bestritten.

Man muß sich dabei vergegenwärtigen, daß der Kanon des Neuen Testamentes lange Zeit »offen«, d. h. noch nicht abgeschlossen, war. Von Anfang an freilich gab es Schriften, die galten unbestritten als apostolisch, andere freilich wurden in ihrer Apostolizität bezweifelt. Teilweise fehlen wichtige Schriften, teilweise werden Schriften genannt, die wir heute ohne Zweifel als nichtneutestamentlich ansehen. Manchmal fehlen der 1. und 2. Petrusbrief, der 3. Johannesbrief, der Hebräer-, Judas- und Jakobusbrief. Manchmal werden die »Weisheit Salomos« oder die erwähnte Petrusapokalypse, manchmal auch der »Hirt des Hermas« zu den kanonischen Schriften gerechnet. Erst der 39. Osterfestbrief des Bischofs Athanasius von Alexandrien aus dem Jahre 367 n. Christus legt den bei uns heute üblichen neutestamentlichen Kanon fest. Trotzdem bleiben die Meinungsverschiedenheiten gegenüber diesem letzten Buch der Bibel bestehen.

Immer wieder greift die Kritik auf die Argumente des Bischofs Dionysius von Alexandrien zurück. Dieser hatte um die Mitte des 3. Jahrhunderts bestritten, daß Johannes, der Lieblingsjünger Jesu und Verfasser des Johannesevangeliums, auch der Verfasser der Johannesapokalypse sein könnte. Der Verfasser des Evangeliums nenne aus Bescheidenheit nicht seinen Namen, während der Verfasser der Apokalypse sich namentlich einführe. Die Bildersprache der Offenbarung sei weit von der schlichten und klaren Sprache des Evangeliums entfernt. Den

Vorwort

übrigen, unbezweifelbar apostolischen Schriften seien die Bilder und Zahlenspekulationen der Apokalypse fremd.[4] Dionysius löst das Problem unter Hinweis darauf, daß man in Ephesus zwei Johannesgräber kenne, das des Evangelisten und das eines anderen Johannes, des Verfassers der Apokalypse, der auch den Beinamen »Presbyter«, der Älteste, hatte.[5]

Über diese Mutmaßung ist die neutestamentliche Forschung bis heute nicht hinausgekommen. Einige Forscher halten den Evangelisten Johannes für den Verfasser, andere den oben genannten Ältesten Johannes und wieder andere suchen eine vermittelnde Stellung zwischen diesen beiden Thesen (ein Schülerkreis um den Jünger Johannes oder um den Ältesten Johannes als Verfasser). Wir werden über diese Hypothesen wohl nie hinauskommen.

Das schließt aber nicht aus, daß die Gemeinde Jesu Christi aus dem Buch der Offenbarung nicht reichen Gewinn schöpfen könnte. Mit Recht schreibt deshalb der erwähnte Bischof Dionysius von Alexandrien: »Ich messe und beurteile sie (die Apokalypse) nicht nach meiner Klugheit, lege vielmehr dem Glauben ein höheres Gewicht bei und halte die Worte für zu erhaben, als daß sie von mir begriffen werden könnten. Und ich verwerfe nicht, was ich nicht erfaßt, bewundere es im Gegenteil um so mehr, eben weil ich es nicht begriffen«![6]

Luther steht also mit seinem Urteil, das letzte Buch der Bibel sei nicht apostolisch, nicht allein. Sein Urteil zeugt im Gegenteil von sorgfältigen kirchengeschichtlichen Studien. Aber die oben genannten Bücher, deren apostolischer Ursprung nicht gesichert ist,[7] werden deshalb nicht aus dem neutestamentlichen Kanon ausgeschieden. Sie dienen in Gottesdienst und Unterweisung der Gemeinde zur Vermahnung und Tröstung. In *Fragen der Lehre* allerdings können sie nicht letzter Maßstab sein, sondern nur die unzweifelhaft apostolischen Schriften.

---

[4] Euseb: Kirchengeschichte 7. Buch 25, 7–9.
[5] Euseb 7, 25, 16.
[6] Euseb 7. Buch 25, 5.
[7] 2. Petrus-, Judas- und Jakobusbrief, 3. Johannesbrief, Hebräerbrief und die Offenbarung.

Die Offenbarung des Johannes darf also nie isoliert gelesen und verstanden werden. Sie muß im Licht der anderen biblischen Schriften gelesen werden, und von dorther muß sie ausgelegt werden. Alles, was im Widerspruch stünde zu den anderen klaren Aussagen der Heiligen Schrift, muß als falsche Auslegung verworfen werden.

Auch Luther hat es so gehalten und im Licht der übrigen biblischen Bücher die Offenbarung des Johannes herangezogen. So ist z. B. sein »Lied von der Heiligen Christlichen Kirchen aus dem XII. capitel Apocalypsis«, »Sie ist mir lieb, die werte Magd«, eine Frucht seiner Bemühungen um dieses letzte Buch der Bibel.[8]

Auch hat Martin Luther seine Vorrede von 1522 zurückgezogen. Die letzte Ausgabe seiner Bibelübersetzung von 1545 versah er mit einer neuen Vorrede, in der er versucht, die Apokalypse sich und den Lesern verständlich zu machen. Diese seine zweite Vorrede schließt mit den bezeichnenden Worten: »So allein das Wort des Evangeliums bei uns rein bleibt, und wir's lieb und wert haben, so sollen wir nicht zweifeln, Christus sei bei uns und mit uns, wenn's gleich aufs ärgste geht, wie wir hier sehen in diesem Buche, daß Christus durch und über alle Plagen, Tiere, böse Engel dennoch bei und mit seinen Heiligen ist und endlich obsiegt.«[9]

Den nachstehenden Ausarbeitungen über die sieben Sendschreiben der Offenbarung des Johannes lagen Bibelarbeiten zugrunde, die auf einer Freizeit für Pfarrfamilien in Natz bei Brixen in Südtirol gehalten wurden. Eingeladen hatten die bayerischen Pfarramtsbrüder Albrecht I. Herzog und Dr. Wolfhart Schlichting, denen der Verfasser ausdrücklich danken möchte.

Es waren herrliche, sonnendurchflutete Tage. Die Südtiroler Berge grüßten. Zu unseren Füßen lag das Kloster Neustift und die Bischofsstadt Brixen, in der einst ein Nikolaus Cusanus gewirkt hatte. Täglich konnten wir unsere Morgen- und

---

[8] M. Luther: Die deutschen geistlichen Lieder, herausgegeben von Richard Alewyn, Max Niemeyer Verlag, Tübingen 1967, S. 43 f.
[9] W 2 XIV, 139; EA 63, 168 f.

Vorwort

Abendgebete in der katholischen Kirche von Natz abhalten. Diese Gastfreundschaft und vor allem die geschwisterliche Gemeinschaft haben diese Tage geprägt und allen Teilnehmern unvergeßlich gemacht.

Die Bibelarbeiten bemühten sich, die Sendschreiben der Apokalypse nicht nur vor dem zeitgeschichtlichen und religionsgeschichtlichen Hintergrund zu begreifen, sondern sie einzubetten in das Gesamtzeugnis der Heiligen Schrift; denn nur so bleibt man vor exegetischer Willkür bewahrt. Naturgemäß kommt es im Verlauf von Bibelarbeiten auch zu Wiederholungen; einmal weil es der Bibeltext nahelegt, zum anderen weil gewisse Grundgedanken sich einprägen sollen. So kommt es zu gewissen »Überschneidungen«. Der Verfasser hat sie bewußt nicht gestrichen oder umgeschrieben, sondern in ihrer ursprünglichen Fassung stehen lassen, weil doch die Akzente verschieden gesetzt werden mußten. Der freundliche Leser wird um Verständnis gebeten.

Bischofsdhron, im Juni 1998

Der Verfasser

Ephesus
(Offb 2, 1–7)

¹ Dem Engel der Gemeinde in Ephesus schreibe: Das sagt, der da hält die sieben Sterne in seiner Rechten, der da wandelt mitten unter den sieben goldenen Leuchtern:
² Ich kenne deine Werke und deine Mühsal und deine Geduld und weiß, daß du die Bösen nicht ertragen kannst; und du hast die geprüft, die sagen, sie seien Apostel, und sind's nicht, und hast sie als Lügner befunden,
³ und hast Geduld und hast um meines Namens willen die Last getragen und bist nicht müde geworden.
⁴ Aber ich habe gegen dich, daß du die erste Liebe verläßt.
⁵ So denke nun daran, wovon du abgefallen bist, und tue Buße und tue die ersten Werke! Wenn aber nicht, werde ich über dich kommen und deinen Leuchter wegstoßen von seiner Stätte – wenn du nicht Buße tust.
⁶ Aber das hast du für dich, daß du die Werke der Nikolaiten hassest, die ich auch hasse.
⁷ Wer Ohren hat, der höre, was der Geist den Gemeinden sagt! Wer überwindet, dem will ich zu essen geben von dem Baum des Lebens, der im Paradies Gottes ist.

Der Verfasser der Johannesoffenbarung stellt mit Bedacht das Sendschreiben nach Ephesus allen anderen Briefen an die kleinasiatischen Gemeinden voran. Ephesus war eine der bedeutendsten Städte des Altertums, berühmt durch seinen Artemistempel, einer der sieben Weltwunder. Welche Faszination einst von jenem heidnischen Heiligtum ausging, macht der tumultartige Aufruhr des Goldschmiedes Demetrius deutlich, von dem uns die Apostelgeschichte erzählt.

Zweimal besuchte der Apostel Paulus die Stadt, um dann drei Jahre lang dort die Christusbotschaft zu verkündigen.[1] Nachdem er drei Monate lang in der jüdischen Synagoge von Ephesus gelehrt hatte und die Mehrheit der jüdischen Gemeinde in dem Gekreuzigten nicht den von Gott gesandten Messias erkennen wollte, wandte sich der Apostel mit seiner Christusbotschaft an die vielfältige und bunt zusammengewürfelte heidnische Bevölkerung der Stadt. Langsam wuchs in Ephesus eine christliche Gemeinde aus Judenchristen und Heidenchristen. Weder Beschneidung noch Unbeschnittensein trennte diese Menschen, sondern in Christus waren sie »neue Kreatur« (2. Kor 5, 17) geworden.

Die Gemeinde Jesu Christi ist die Gemeinde derer, die der Name Jesu Christi herausgerufen hatte aus der Welt, herausgerufen aus Judentum und Heidentum. Das griechische Wort »ekklesia« macht das deutlich. Es leitet sich ab von ek-kallein = »herausrufen«. Die, die der Christusruf getroffen, überzeugt und herausgerufen hat aus allen bisherigen weltlichen und geistlichen Bindungen, sie sind etwas anderes als eine Volksversammlung[2] in Athen, Korinth oder Ephesus. Sie gleichen zwar äußerlich und der Form nach einer Volksversammlung. Aber die geistige Mitte, um die man sich sammelt, sind nicht die Belange einer Republik, sondern die Christen sammeln sich um den wahren Herrn der Welt. Sie wissen sich von Christus gerufen, von ihm erlöst und freigesprochen von allem, was Seele und Gewissen in dieser Welt versklaven kann.

Die Apostelgeschichte berichtet uns, daß die Gemeinde öffentlich Bücher verbrannt habe, um den endgültigen Bruch mit heidnischer Zauberkunst und Wahrsagerei zu bekunden. Es handelt sich nicht um Bücherverbrennungen moderner Art, bei denen Vertreter totalitärer Ideologien keine anderen Ideen neben sich dulden wollen. Hier geht es vielmehr um den endgültigen und öffentlichen Bruch mit den Mächten, die die Seele vergewaltigen und auslaugen wollen. Die Christusbotschaft ist keine totalitäre Ideologie. Sie wird nicht mit politischen Mitteln aufgezwungen. Wie sollte und könnte eine kleine

---

[1] Von 52 bis 55 nach Christus.
[2] So die herkömmliche Bedeutung von »ekklesia«.

Schar von Christen auch eine Weltstadt wie Ephesus »zwingen« können? Die Gemeinde verfügt über nichts weiter als über die schlichte Christusbotschaft.

Aber von dieser Botschaft geht eine stille, verborgene und überzeugende, die Gewissen befreiende Gewalt aus. »Es fiel eine Furcht über sie alle, und der Name des Herrn Jesus ward hochgelobt.« Von niemandem gezwungen, bekennen Menschen was sie (an Götzendienst, Zauberei und Wahrsagekunst) getrieben hatten (Apg 19, 18). Sie verbrannten als Freigewordene jene Bücher, durch die sie bisher dämonisch gebunden waren. »Also mächtig wuchs das Wort des Herrn und nahm überhand« (Apg 19, 20).

Das aber mußte ungewollt in Ephesus zu Geschäftseinbußen führen, insbesondere beim Gold- und Silberschmiedehandwerk. Der Absatz der zahlreichen Artemisfigürchen und die Nachbildungen des Dianatempels, die man als Andenken mit nach Hause nahm, geriet ins Stocken. In einer Zunft- oder Gewerbeversammlung beklagte der Goldschmied Demetrius den Geschäftsrückgang, da der Diana- oder Artemiskult und sein Tempel der Verachtung anheimzufallen drohten. »Dieser Paulus« macht »viel Volks abfällig« (Apg 19, 34). Nur mit Mühe kann der römische Kanzler die Menge wieder beruhigen, die Empörung eindämmen und den Demetrius und seine Zunftgenossen an die ordentlichen Gerichte verweisen. Das römische Reich war immerhin ein »Rechtsstaat«; wenngleich noch nicht im heutigen Sinne. Aber wie leicht können Demagogen und religiöse Verführer die dünne Decke, die den Rechtsstaat vor Chaos, Mord und Totschlag bewahrt, aufreißen, und das Unheil überschwemmt Staat und staatliche Ordnung.

Exkurs: Ephesus in der Geistes- und Religionsgeschichte

Die Stadt Ephesus ist freilich nicht nur mit der Geschichte des Urchristentums eng verbunden; auch geistes- und religionsgeschichtlich hat sich ihr Name dem Gedächtnis der Menschheit eingeprägt. So soll Heraklit, einer der großen Weisen des Altertums, um 550 vor Christus in Ephesus geboren worden sein († 430). Schon in der Antike nannte man ihn »den Dunklen«, weil seine Aussprüche, Sätze und Sentenzen Widersprüchliches zusammenbinden wollten. Einer seiner Grundgedanken besagt, daß alle Dinge, Menschen, Tiere, ja die gesamte Ordnung des Kosmos in einem beständigen Wandel begriffen sind. »Es ist unmöglich, zweimal in denselben Fluß hineinzusteigen ... Der Fluß zerstreut und bringt wieder zusammen ... und geht heran und geht fort«, so heißt eines seiner bekanntesten Worte.[3]

Vom unaufhörlich weiterströmenden Fluß der Geschichte ist auch Ephesus, die Vaterstadt Heraklits, fortgespült worden. An das einstige volkreiche und im gesamten Altertum hochberühmte Ephesus erinnern nur noch Ruinen. Doch selbst diese Ruinen zeugen noch von der einstigen Pracht und Größe dieser Stadt.

Nachdem die Stadt im Jahre 133 vor Christus römisch geworden war, wurde sie zur Hauptstadt der neuen römischen Provinz Asien erhoben. Es war vor allem das sog. Artemision, der Tempel der Göttin Artemis, das Ephesus für den gesamten östlichen Mittelmeerraum und darüber hinaus zu einem Magneten machte, der Menschen von weither anzog. Ein nach Ruhm und Größe Süchtiger, ein Wahnsinniger namens Herostrat steckte 356 vor Christus den Artemistempel in Brand, um so unsterblich zu werden. Aber aus der Asche entstand der Tempel in neuer Größe und herrlicher als zuvor.

Die Artemis freilich, die in Ephesus verehrt wurde, war nicht jene uns bekannte schlanke, schnellfüßige und grazile Göttin der Jagd, die die Römer Diana nannten. Die Diana oder Artemis von Ephesus und auch sonst im kleinasiatischen Raum war eine vielbrüstige Göttin. Sie wurde auch »Kybele« oder »Magna Mater« genannt, »große Mutter«. Sie galt als Verkörperung der alles gebärenden und alles nährenden Natur. Die Göttin selbst trug eine hohe Krone, die die Stadt und den Tempel symbolisieren sollte. Bekleidet war sie mit reichbestickten und mit Juwelen verzierten Gewändern, die während der jährlichen Artemis-Festspiele gewaschen wurden. Zum Dienst der Göttin stand eine Heerschar von Priestern und Priesterinnen zur Verfügung. Dazu kamen noch Tempelmusikanten, Tänzer und Tänzerinnen und sog. weibliche Hierodulen, Tempeldienerinnen, die der sog. »heiligen Hochzeit« dienten (Hierogamie). Glaubte man doch, sich im Geschlechtsakt mit der Gottheit selbst vereinigen zu können, selbst ein Teil jener kosmischen Kräfte zu werden, die das

---

[3] Die Vorsokratiker, Auswahl der Fragmente von Jaap Mansfeld, Reclam Verlag, Stuttgart 1987, S. 272 f.

All durchseelen und nähren. Zeugung, Geburt und Tod werden als kosmischer Rhythmus erlebt, in den hinein sich der Heilsuchende ziehen lassen muß, will er »vergöttlicht« werden. Ähnliche naturreligiöse Gedanken brechen heute im Gefolge mannigfacher esoterischer Strömungen wieder hervor und schlagen nicht wenige in ihren Bann.

Dies alles sei erwähnt, um deutlich zu machen, in welcher Welt hier in der Capitale, in der Hauptstadt Asiens, zwischen Tempeln und Palästen, zwischen Kaufläden und Elendshütten, zwischen Tanz-, Fecht-, Reit- und Sportschulen christliche Gemeinde existiert. Hier grenzen Heiligtümer, Philosophenschulen, Bordelle, Banken und Wechselstuben aneinander, Wand an Wand.

Das vergangene Ephesus wurde vom Fluß der Geschichte fortgespült. Sein Bodensatz wurde in unseren modernen Großstädten rings um den Globus, in Paris, London, New York, Berlin, Bangkok oder Tokio angeschwemmt. Überall aber gibt es in diesen »ephesinischen Metropolen« christliche Gemeinde. Manchmal sind's hochragende Kirchen und Dome, in denen man den Namen Jesu Christi ausruft; manchmal sind's arme Stuben in irgendwelchen Seitengassen und auf Hinterhöfen. Dies ist nicht entscheidend! Auch die Größe der Gemeinde ist nicht ausschlaggebend. Wenn nur der Name des Herrn hochgelobt wird (Apg 19, 17)!

Die Existenz christlicher Gemeinden mitten in den Metropolen der Welt, mitten im Herzen von Aberglaube und Unglaube, von Naturvergötterung und dämonischer Selbstvergötzung ist keineswegs selbstverständlich. Das ist auch nicht Ergebnis geschickter Reklame oder gerissener Propaganda. Das Christuswort ist die Wahrheit, und immer wieder wandert die Wahrheit heimatlos durch diese Welt, durch ihre Städte und Dörfer. Daß sich dennoch das Wunder der christlichen Gemeinde ereignet, das bewirkt der HERR dieser Gemeinde. Er spricht zu ihr; und die stille Gewalt Seines Wortes wandelt die Herzen.

Angesichts von Abfall und Verführung setzt das Sendschreiben nach Ephesus mit einem aufschlußreichen Bild ein: »Das sagt, der da hält die sieben Sterne in seiner Rechten, der da wandelt mitten unter den sieben goldenen Leuchtern« (Offb 2, 1). Die einleitende Formel: »Das ...« erinnert deutlich an das vollmächtige Wort, das einst an die Propheten des Alten Bundes erging: »So spricht der Herr« heißt es da immer wieder: »Raunen Jahwes«. Doch wenn der Herr auch nur »raunt«, so geschieht Geschichte. Nicht zufällig sind deshalb »debar Jahwe« = Wort des Herrn und Werk des Herrn, Begebenheit und Geschichte, dasselbe. Gott »spricht und es geschieht« (Ps 33, 9). Das ergangene Wort mag scheinbar verhallen. Aber es braucht nur längere Zeit, als unsere Ungeduld es wahrhaben will. Es geschieht, und wenn Jahrhunderte oder Jahrtausende darüber vergehen. Einmal aus Gottes Mund ergangen, hallt es unhörbar durch die Zeiten, bis es sich verdichtet und Geschichte gestaltet.

Gleichwohl ist der, der hier zu der Gemeinde in Ephesus spricht, mehr als ein Prophet. In ihm hat alle Prophezeiung ihr Ziel und ihre Erfüllung gefunden. Einerseits gleicht er eines Menschen Sohn (Offb 1, 13). Er ist wahrhaftiger Mensch von einer irdischen Menschenmutter zur Welt gebracht. Andererseits aber – wie schon die Berufungsvision im 1. Kapitel der Johannesoffenbarung deutlich gemacht hat – ist er ganz und gar eingehüllt und eingetaucht in die göttliche Majestät. Er hält sieben Sterne in seiner rechten Hand, Symbole göttlicher Macht und göttlicher Hoheit.

Der Menschensohn ist zugleich wahrhaftiger Gott, so wie es im Nicänischen Glaubensbekenntnis unübertrefflich bekannt wird: »Gott von Gott, Licht von Licht, wahrhaftiger Gott vom wahrhaftigen Gott; geboren, nicht geschaffen; mit dem Vater in einerlei Wesen, durch welchen alles geschaffen ist.« Auf eine für uns unbegreifliche Weise sind der Menschensohn und Gott untrennbar *eins*; und gerade aus dieser gottmenschlichen Einheit erwächst unser ewiges Heil; denn nur *Gott* kann in unserem Fleisch Sünde und Tod überwinden. Nur der menschgewordene Gott bringt uns Freiheit und Leben. Außerhalb dieses menschgewordenen Gottes sind nur Hölle, Verzweiflung und ewiger Tod. Vor dieser Majestät stürzt der Seher auf der Insel Patmos zu Boden wie ein Toter. Doch das Wort dieses Menschensohnes spricht ihm das Leben zu: »Fürchte dich nicht! Ich bin der Erste und der Letzte und der Lebendige ...« (Offb 1, 17 f.)

In seiner rechten Hand aber ruhen die sieben kosmischen Planeten. Damit aber berührt sich das Gesicht des Sehers mit uralten mythischen Vorstellungen. Überhaupt durchzieht die Siebenzahl als »heilige Zahl« die gesamte Johannesoffenbarung. Sieben Gemeinden werden genannt und sieben Geister vor dem Thron Gottes (Kap. 1, 4, 11). Den sieben Sternen entsprechen sieben goldene Leuchter (Kap. 1, 12, 20; 2, 1 etc.). Das Buch der Geschichte ist mit sieben Siegeln verschlossen, und sieben Posaunen, von sieben Engeln geblasen, kündigen das Weltgericht an (Kap. 6–8), ebenso bestätigen sieben Donner das Angekündigte. Sie sind gleichsam das göttliche Amen, die göttliche Gewißheit. Aus dem Weltmeer steigt ein siebenköpfiger Drache, und die sieben Häupter speien Gotteslästerungen aus (Kap. 13). Sieben letzte Plagen werden gezählt, ausgegossen auf die Erde aus sieben Zornesschalen (Kap. 15–16). Den sieben Häuptern entsprechen die sieben Hügel, auf denen die große Hure Babylon thront (Kap. 17, 9). Damit verbünden sich sieben Könige, Machthaber und Tyrannen der Endzeit. Die Häufung dieser Zahlensymbolik[4] ist nicht zufällig. Sie hat eine tiefere Bedeutung, die man erst erheben muß.

Die Griechen haben diese Zahlenmystik auf Pythagoras zurückgeführt. Im altbabylonischen Glauben gilt das Geheimnis der Zahl als von den Göttern geoffenbart. Auch die Johannesoffenbarung spricht vom »Geheimnis der sieben Sterne« (1, 20). Es ist unwahrscheinlich, daß sich der Seher dieses religionsgeschichtlichen Hintergrundes bewußt war. Er verwendet diese Symbole, weil sie damals allgemeinverständlich waren und unbewußt »verstanden« wurden, ohne daß erst darüber reflektiert werden mußte. Die sieben Sterne z. B. sind die damals bekannten sieben Planeten (auch die Sonne galt als Planet). Sie repräsentieren die Gesamtheit des Kosmos und wurden als Götter »begriffen«. Der Göttlichkeit der Planeten entspricht die Göttlichkeit des gesamten Kosmos. Ein naturreligiöser Pantheismus spricht sich darin aus.[5]

Hier aber hält der Menschen- und Gottessohn die sieben Sterne oder Planeten in seiner Hand. Damit werden die Planeten, wird das Gesamtgefüge des Kosmos »entgöttert«. Hier

---

[4] Zu nennen wäre noch die Vierzahl, die Zehn, die Zwölf, die Vierundzwanzig – 2 x 12 – und die Tausend.
[5] Pantheismus = das All ist göttlich; die Natur ist Gott.

hat sogar der Begriff »Entmythologisierung«[6] seinen legitimen Platz. Die Christusbotschaft ist eine »Götterdämmerung« ohnegleichen. Der Kosmos wird Schöpfung! Er ist nicht selber göttlich oder von göttlichen Kräften durchpulst. Er wurde vom ewigen Wort des Vaters ins Dasein gerufen. Das ewige Wort trägt die Schöpfung. Nimmt Gott sein Wort zurück, dann sinken die Planeten und mit ihnen alle kosmischen Ordnungen zurück ins Nichtsein.
Dieses ewige Wort aber ist zugleich der Menschensohn, das fleischgewordene und wieder erhöhte Wort. *Deshalb* ruhen alle Planeten und alle Sphären in *seiner* Hand, und ohne ihn sind sie vergänglich. Nicht *wir* bewahren die Schöpfung, sondern er, der Gekreuzigte und Auferstandene; er, der »Erste und der Letzte und der Lebendige«. Damit aber ist zugleich auch der göttlichen Verehrung des Kaisers eine eindeutige Absage erteilt. Ephesus war ja eines der Zentren des römischen Kaiserkultes. Auf römischen Münzen ist das Bild Caesars oft mit diesen Sternen geziert. Der Kaiser wird vergöttert.
Die Sterne in der Hand des Menschensohnes sind die schärfste nur denkbare Absage an alle totalitären politischen Gewalten, die absoluten Gehorsam, begeisterte Hingabe und den fanatischen Einsatz des eigenen Lebens fordern. Kein Caesar und kein Führer, keine Partei und keine vermeintlich wissenschaftlich begründete Weltanschauung dürfen Vertrauen von uns fordern. Allenfalls gebührt ihnen zeitlich begrenzter Respekt, aber nur soweit diese Mächte irdische und vorläufige Ordnungen gewährleisten. Sobald sie aber unsere Seelen und Gewissen beanspruchen, so ist ihnen damals wie heute das Kaiseropfer, die »Unterordnung« zu verweigern. Da gilt: »Man muß Gott mehr gehorchen als den Menschen!« (Apg 5, 29)
So aber, wie Christus die sieben Sterne in seiner Hand hält und so als der HERR mitten in seiner Schöpfung erkannt und bekannt wird, ebenso wandelt Christus mitten unter den sieben goldenen Leuchtern. Sie erinnern zunächst an jenen bekann-

---

[6] Die Mythen oder die Göttersagen werden ihres religiösen Gehaltes entkleidet.

ten siebenarmigen Leuchter, den Mose auf Geheiß des Herrn aus Gold für den Tempel anfertigen ließ (2. Mose 25, 31–40). In einem Nachtgesicht sieht Sacharja diesen siebenarmigen Leuchter zwischen zwei Ölbäumen stehen (Sach 4, 1–7). Man hat eingewandt, der Seher auf Patmos schaue dagegen sieben einzelne Lampen, die die sieben genannten kleinasiatischen Gemeinden symbolisieren. Das trifft zwar zu. Aber nicht die Form ist entscheidend (sieben Arme oder sieben einzelne Lampen). Vielmehr ist die Sieben als heilige Zahl für eine sachgemäße Deutung ausschlaggebend. Jene sieben Leuchter (oder der siebenarmige Leuchter im Tempel), die die Gemeinden des Herrn repräsentieren, bekunden, daß die Gemeinde Christi als Gemeinde des Herrn heilig ist, weil durch das Opfer und das Blut Christi geheiligt. Deshalb bekennen wir »die heilige christliche Kirche«; nicht weil sie von sich aus und aus eigener Kraft und Anstrengung makellos wäre (gerade die sieben Sendschreiben enthüllen die Anfechtungen, Versuchungen und Schwächen der Gemeinden und gehen mit ihren Sünden ins Gericht), sondern die »Heiligkeit« der Kirche besteht in der Vergebung der Sünden durch ihren Herrn, von dessen Vergebungswort sie lebt. »Es soll nicht durch Heer oder Kraft«, wird dem Sacharja in jenem Nachtgesicht zugerufen, »sondern durch meinen Geist geschehen« (Sach 4, 6)!

In der Kraft des Geistes allein kann die Gemeinde Christi ihren Weg durch die Geschichte gehen. Zugleich aber darf sie gewiß sein, daß der HERR im Geist in ihrer Mitte weilt, daß er jeder einzelnen Gemeinde durch Wort und Sakrament unmittelbar nahe ist. Zugleich ist er in der Mitte der sieben Gemeinden, d. h. in der Gesamtheit seiner Kirche, gegenwärtig. Er wandelt ja mitten unter den sieben goldenen Leuchtern (2, 1). Aus dieser Gewißheit lebt die Kirche, und mit dieser Gewißheit besteht sie die Wechselfälle der Geschichte und den Ansturm ihrer Feinde.

Nachdem sich der HERR der Gemeinde in seiner göttlichen Fülle und Vollmacht vorgestellt hat, setzt nun der Inhalt des Briefes an die Christengemeinde von Ephesus mit einem Lob ein. Doch dieses Lob ist keine Rede, die sich bei jemandem einschmeicheln will. Es ist auch keine diplomatische Gepflogenheit, die mit Lob nicht spart und das Lob an die erste Stelle setzt, um dann um so schärfer und vernichtender zu kritisieren. Der Herr, der hier redet, ist weder ein Schmeichler noch ein erbarmungsloser Besserwisser, sondern er ist der »Wahrhaftige« (Offb 3, 7; 1. Joh 5, 20). Heuchelei und Unwahrhaftigkeit widersprechen seinem Wesen. Er hat die Gemeinde bis in die Tiefen ihres Seins erkannt: »Ich kenne deine Werke und deine Mühsal und deine Geduld ...« In allen Briefen an die sieben Gemeinden wiederholt sich siebenmal dieses »Ich kenne...«.

Der Seher von Patmos macht uns so darauf aufmerksam, daß dieses Wissen des Herrn mehr ist als ein Wissen im üblichen Sinn. Es geht um mehr als um ein »Zur-Kenntnis-Nehmen«; auch nicht um ein kluges oder listiges Durchschauen, das den anderen bloßstellt. Vielmehr handelt es sich um ein liebendes Erkennen, so wie Braut und Bräutigam einander verstehen, begreifen und in Liebe annehmen. Ein Vertrautsein sondergleichen kommt in diesem »Ich kenne...« zur Sprache.

Dieses erkennende, liebende Vertrautsein schließt Kritik und Tadel nicht aus. Alles, was an Tadel zur Sprache kommen muß, ist getragen von der Sorge, die vor Abgründen bewahren will. Der Ruf zur Buße, zur Umkehr kann dann nicht zu einem moralischen Appell oder gar zu pharisäischer Schulmeisterei entarten. Der Ruf zur Buße ist ein Ruf, der aus einer unendlich tiefen Liebe geboren wird. Dieses »Ich kenne...« soll uns durchleuchten, durchdringen, durchläutern und – wo es etwas Gutes bei uns antrifft – »aufmuntern«, vermerkt hier zu Recht Johann Albrecht Bengel in seinen »sechzig erbaulichen Reden über die Offenbarung des Johannes oder vielmehr Jesu Christi« von 1748.[7]

Charakteristisch ist die Dreiheit von »*Werke, Mühsal und Geduld*«, mit der die Gemeinde lobend dargestellt wird. Diese »Dreiheit« umschreibt die gesamte irdische Existenz der Christusgemeinde. In dieser Weltzeit (in diesem vergehenden Aion) ist sie immer wieder durch Werke und Mühsal gefordert und zu Geduld gerufen.

---

[7] Zitiert nach Bengel: Gemeinde zwischen Warnung und Verheißung, Kawohl Verlag, Wuppertal 1974, S. 36.

Allzuleicht hören wir bei den »*Werken*« sofort die moralische Mahnung zu den »guten Werken« heraus, die man sich dann nur zu gerne als Verdienst anrechnet. Es ist dies jene unheimliche Versuchung, die uns von Anfang an, seit Adams Fall, gleichsam »in den Knochen steckt«. Wir wollen aus uns selbst etwas sein und darstellen. Wir wollen unser Leben selbst sinnvoll gestalten und darauf hinweisen können: »Hast du nicht alles selbst vollendet, heilig glühend Herz?« wie Hölderlin dichtete. Und wo könnte ich dies klarer, eindrucksvoller und verdienstlicher darstellen als in meinen Werken. Dennoch ist dieser Versuch, Schöpfer und Gestalter seines eigenen Lebens sein zu wollen, der unheimlichste Abfall von Gott, weil ich in frommer oder selbstgerechter Verblendung nicht mehr erkenne, daß ich damit gegen meinen ewigen Ursprung frevele.

Schauerlich jenes verwaschene, geschwätzige Christentum, das sich etwas darauf zugute hält, »menschlich« zu sein, ein anständiger Bürger, ein hilfsbereiter Kerl nach der altbekannten Gassenmelodie »Hauptsache, ein Mensch!« Meist sind darin alle menschlichen Laster und alles Versagen mit entschuldigt. Ein billiges, ein totes Christentum! Auch ist hier jedes »Sowohl-als-auch« ausgeschlossen, etwa Glaube und Werke, Gottes Wirken und mein Mitwirken oder der Glaube, der sich in der Liebe vollendet.

Mit Recht hat Martin Luther diesem »Sowohl-als-auch« das »Allein aus Glauben« entgegengesetzt. Rechter Glaube ist jenes Vertrauen, das sich allein aus Gott und seinem zusagenden Wort empfängt. Allein in diesem Vertrauen bin ich wieder der, der ich ursprünglich sein sollte: Sohn oder Tochter dieses einen Gottes, der mich ins Dasein ruft und sagt: »Du bist mein Kind!«

Dieser Ruf, diese Zusage aus Gottes Mund kann allein mein Leben sinnvoll begründen, macht dankbar und froh. Meine Werke können dann *nicht* mehr Daseins*grund* sein, sondern allein dankbare und befreite Antwort einer erlösten Kreatur.

Es bedarf freilich der Menschwerdung Gottes und des Opfertodes Christi, damit ich aus meiner Selbstumkreisung herausgerissen werde, damit mir die Augen geöffnet werden, damit ich über meine Verlorenheit und Selbstverblendung erschrecke und aus dem vergebenden Wort Christi lebe.

Das Sendschreiben nach Ephesus freilich bedarf hier keiner Korrektur; denn das, was hier »Werke« genannt wird,[8] bedeutet vornehmlich »mein Tagewerk«, mein Beruf, die mir übertragene und anbefohlene Verrichtung. Der Begriff ist also gerade nicht auf dieses oder jenes moralische Tun eingeengt.

Das Tagewerk einer Christengemeinde – und jedes einzelnen Gliedes in dieser Gemeinde – ist das tägliche Hören auf das Wort; denn wir stehen immer in Anfechtung und Versuchung. Gerade dann gilt es »auf das Wort merken« (Luther). Das tägliche Gebet, der Schrei aus der Tiefe, der Dank, das Lob und die Anbetung sind dann ebenso Lebensäußerungen dieses Glaubens wie die Werke der Liebe, die uns Christen befohlen sind. Aber sie begründen nicht meinen Christenstand, sondern sie bezeugen ihn.

Weil die christliche Gemeinde in dieser Welt lebt und doch nicht von dieser Welt ist, d. h. nicht aus ihr Sinn, Ziel und Halt erfährt, ist sie immer angefochtene Gemeinde. Sie stößt auf Widerstand! Der Teufel hat ein feines Gespür, daß da Menschen leben, die seinem Herrschaftsbereich entglitten sind. Er greift an. Er will verlorenes Terrain zurückerobern, und deshalb hat die Gemeinde *ihre »Mühsal«!* Sie muß widerstehen! Sie muß wachen und beten, und sie muß leiden.[9] Kurz gesagt: Es handelt sich um die ganze Mühsal, der die christliche Gemeinde in der Welt ausgesetzt ist.

Das ist eine andere Sicht als jene angestrengte Fröhlichkeit, die man nicht selten in falsch-erweckten Gemeinschaften finden kann. Der christliche Glaube garantiert keine fortwährende Fröhlichkeit, die Halleluja singend unangefochten auf dem Weg ins Reich Gottes marschiert. In jenem ersten Brief nach Ephesus, den die Tradition dem Apostel Paulus zuschreibt, herrscht eine andere, eine realistische Sicht der christlichen Existenz: »Denn wir haben nicht mit Fleisch und Blut zu kämpfen, sondern mit Fürsten und Gewaltigen, nämlich mit den

---

[8] »ta erga« im Griechischen.
[9] Das griechische Wort »kopos«, das Luther ursprünglich mit »Arbeit« übersetzt hat, kommt von »koptein«, schlagen, hauen, stoßen, treffen, verwunden! »Kopos« ist deshalb der Zustand des Zerschlagenseins, ist Ermüdung, Mattigkeit.

Herren der Welt, die in der Finsternis dieser Welt herrschen, mit den bösen Geistern unter dem Himmel« (Eph 6, 12).
Das können auch sich göttlich dünkende Caesaren sein, Tyrannen und Diktatoren. Das können Philosophien sein, die utopische Ziele einer gerechten Weltgesellschaft vorgaukeln, oder politische Bewegungen, die den wahnsinnigen Anspruch erheben, sie hätten das Gesetz der Geschichte erkannt. Sie seien als Vorhut des Fortschritts dazu berufen, das Gesetz der Geschichte zu vollenden. Fein gesponnene oder brutale Christenverfolgungen wie unter Hitler, Lenin, Stalin, Mao und anderen sind die logische Konsequenz dieser Anmaßungen. Damit verbunden sind Feigheit, Abfall und ein stillschweigendes Auswandern aus der Gemeinde. Das alles gehört mit zu der Mühsal, der die Gemeinde anheimgegeben ist. Der Satan schlägt sie mit Fäusten (2. Kor 12, 9).
Dazu kommt noch unser eigenes »Fleisch« mit all seinen Schwächen und Anfälligkeiten, über die wir immer wieder stolpern. Eigensucht und Feigheit gehören ebenso dazu wie Stolz und Hoffart, Geiz und Gier und Angst; ordinäre Angst vor der Zukunft oder Angst, wir könnten uns verlieren oder etwas versäumen.
Aber genau diese Schwachstellen sind es, durch die der Satan seinen Angriff vorantreibt und erneut in unser Leben einbrechen will. Hier sind wir zum Kampf und zum Widerstand aufgerufen. **Der Mühsal dieses Kampfes entgeht kein Christ, oder er täuscht sich selbst!**
Im Epheserbrief werden wir deshalb aufgefordert, mit dem »Harnisch Gottes« an dem »bösen Tage Widerstand« zu leisten, uns mit der geistlichen Waffenrüstung eines Christen zu wehren: mit der Wahrheit des Evangeliums, mit dem Panzer der Gerechtigkeit Christi, mit dem Schild des Glaubens, mit dem Helm des Heiles, mit dem Wort Gottes, dem Schwert des Geistes und mit dem Gebet (Eph 6, 13–18).
All dieser Mühsal entspricht die »*Geduld*« der Gemeinde. Diese Geduld aber ist kein tatenloses und kein müdegewordenes »Sichabfinden« mit dem Unabänderlichen. Christliche Geduld ist vielmehr ein aktives Ausharren, ein Standhalten in dem Kampf, der den Christen verordnet ist. Verbunden ist dieses Ausharren und Standhalten mit einer zähen Beharrlichkeit, die

nicht aufgibt. Alles dies umschließt das griechische Wort für Geduld ebenfalls. Doch für die christliche Gemeinde ist diese Geduld, dieses Aus- und Standhalten, getragen durch die Gewißheit, daß das Ende aller Dinge nahegekommen ist, daß dem Herrn durch Kreuz und Auferstehung bereits alle Macht im Himmel und auf Erden gegeben ist. Ist diese Herrschaft hier noch unter dem Kreuz, unter Mühsal und Anfechtung, unter Kampf und Leiden verborgen, so erwächst die Kraft zum Widerstand aus der Gewißheit, daß der HERR, der »die Schlüssel der Hölle und des Todes« bereits in seiner Hand hält (Offb 1, 18), das Ende der Geschichte und den neuen Himmel und eine neue Erde (Offb 21, 1) heraufführen wird. Dann hat alle Mühsal ein Ende; der Satan ist für immer in den feurigen Pfuhl gebannt (Offb 20, 10); Gott wird abwischen alle Tränen von unseren Augen, und wir sind geborgen im himmlischen Jerusalem (Offb 21, 10 ff.), in der ewigen Burg Gottes.

Diese Sicht läßt nicht nur die Irrsal der Weltgeschichte, ihren Aberwitz und all das Leid, das Menschen einander antun, als Frucht menschlicher Selbstmächtigkeit durchschauen. Die Gewißheit des schon errungenen Sieges Christi läßt der Gemeinde durch Wort und Sakrament im Heiligen Geist ungeahnte Kräfte zufließen. So kann sie ausharren, dulden, die Wahrheit Christi bezeugen, Verfolgungen durchstehen und nicht abfallen und aufgeben.

Zugleich aber wird diese Weltzeit hier zur Zeit der Sichtung. »In cribro Satanae versatus« steht unter dem Bildnis Paul Gerhardts in seiner Lübbener Kirche im Spreewald: »Im Sieb des Satans gesichtet«. Dies gilt auch für die Gemeinde.

In dieser Sichtung gibt es Abfall, Feigheit, Ungeduld, die nicht mehr ausharren kann, weil der Spannungsbogen des Glaubens erlahmt ist. Das aber schließt nicht aus, daß die Gemeinde in dieser Zeit des Glaubensabfalls um jede Menschenseele ringt, damit diese nicht endgültig in der Hoffnungslosigkeit versinke. Wehe, wenn die Kirche sich in diesen Zeiten mit dem billigen Wort vom »Gesundschrumpfen« vertröstet. Dieser Trost ist ein falscher Trost. Es gehen Menschen im Unglauben verloren. Wird die Kirche hier nicht beunruhigt, so ist das allemal ein Zeichen dafür, daß sie heimlich die Hoffnung auf Christi Herrschaft und Widerkunft aufgegeben hat. Sie träumt von »Weltverbesserung«,

an der sie hier und heute mitzuwirken habe. Sie wird dessen nicht inne, daß ihr damit alle Vollmacht verlorengeht.
Die Warnung an die Gemeinde in Ephesus, daß der Herr bald kommen und ihren Leuchter wegstoßen wird (Kap. 2, 5), erhält unheimliche und bedrohliche Aktualität.
Doch in der Gemeinde in Ephesus gibt es – gottlob – noch *Widerstand:* Sie kann »die Bösen nicht ertragen«; sie hat die auf die Probe gestellt, »die da sagen, sie seien Apostel und sind's nicht« (V 2). Sie hat sie »als Lügner« entlarvt. Wir wissen nicht im einzelnen, wer diese Bösen waren und welche Personen sich hinter den falschen Aposteln verbargen. Wir können aber davon ausgehen, daß sich in Ephesus das gleiche wiederholt, was schon Paulus in den galatischen Christengemeinden erfahren und entschieden bekämpfen mußte. So auch hier in Ephesus. Paulus läßt uns in seinem Galaterbrief an diesen geistlichen Kämpfen teilnehmen. Er berichtet, daß sich »etliche falsche Brüder« in die Gemeinden »eingedrängt hatten und nebeneingeschlichen waren«. Es ging offensichtlich um »die Freiheit, die wir in Christus Jesus haben« (Gal 2, 4). Unter Berufung auf apostolische Autorität machten sie geltend, der Glaube an Christus allein genüge nicht. Man müsse sich auch noch beschneiden lassen. Man müsse auch noch bestimmte Speisevorschriften über rein und unrein beachten (Gal 2, 11 ff.): Bestimmte Tage und Monate und Feste seien noch bindend (Gal 4, 10) und dergleichen mehr. Paulus nennt dies alles »Weltelemente«, die uns an diese Welt hier binden. Diese »dürftigen Satzungen« aber können die nicht mehr an sich ketten, die Christus durch sein Blut von Gesetz und Sünde freigekauft hat. Das Gesetz war nur Zuchtmeister auf Christus (Gal 3, 24). »Nun aber der Glaube gekommen ist, sind wir nicht mehr unter dem Zuchtmeister.« Wir sind Gottes freie mündige Söhne und Töchter geworden (Gal 3, 25–26). Der Sohn aber lebt frei im Hause des Vaters. Im Vertrauen gegenüber dem Vater kann ihn das tötende Gesetz nicht mehr verklagen; und als Freigesprochener ist sein Glaube in der Liebe tätig.
Es ist freilich merkwürdig, daß uns diese Freiheit vom Gesetz immer wieder so schwerfällt. Freiheit stellt hohe Ansprüche. Da hört man gerne auf jene falschen Apostel, die einem einen scheinbar sicheren Weg, einen vermeintlich besseren Halt an-

bieten. In Wahrheit aber werden wir in unserem Gewissen unfrei, wir werden auf *unser* Tun zurückgeworfen und verfallen einer heimlichen und abgründigen Welt- und Schicksalsangst. Bildlich gesprochen: Die sieben Planeten, diese Weltelemente, ruhen dann nicht mehr in der Hand Christi, sondern erhalten erneut Macht über uns und walten als »Weltelemente« wieder über unseren Häuptern. Sie bekommen eine scheingöttliche Qualität und dämonisieren unsere gesamte Existenz.

Paulus wendet sich entschieden gegen diese verhängnisvolle Verwirrung und Verkehrung und flucht diesen Verwirrung stiftenden falschen Aposteln. So ernst ist es ihm damit, daß er den Fluch wiederholt. Nicht aus Haß, nicht aus Neid geschieht dies, sondern zur Warnung! Es geht um das Heil unserer Seelen! Unser ewiges Schicksal steht auf dem Spiel. Das »Anathema«, der Fluch, ist ein Haltesignal vor dem Abgrund.

»Die falschen Apostel haben beinahe Paulus selbst verdrängt«, schreibt Joh. Albrecht Bengel in seiner schon erwähnten Auslegung zu der Johannesoffenbarung; »und wenn man betrachtet, wie ernstlich Paulus mit ihnen verfährt, so möchten Leute, die (leichtfertig) alles als bekannt und anerkannt annehmen, gedenken, er wäre ein gar zu strenger Orthodoxer gewesen. Aber eben ein solches Verhalten lobt hier (im Sendschreiben) der Herr an dem Gemeind-Engel zu Ephesus. Es ist etwas Köstliches, wenn man das, was zwar einen guten, aber doch leeren Schein hat, mit rechter Gewißheit herausnehmen und entkräften kann.«[10]

Exkurs: »Das Gesetz der Welt« – eine stets neue Versuchung
Es wäre freilich eine Illusion, jene Häresie der »falschen Apostel« als eine längst vergangene und überholte Problematik abzutun. Alle Häresien gleichen jenen Strömen und Bächen in verkarsteten Gebirgsstöcken. Irgendwo versickert das Wasser in unterirdischen Gängen und Höhlen, um irgendwann, oft viele Kilometer weiter, wieder hervorzubrechen. So auch jene galatisch-ephesinische Häresie, die von »Weltelementen«, von den Gesetzen des Kosmos, Heil und Erlösung erwartet. In seinen »Orphischen Urworten« z. B. dichtet Johann Wolfgang von Goethe unter dem bezeichnenden Titel »Dämon«:

---

[10] Bengel, S. 37.

> *»Wie an dem Tag, der dich der Welt verliehen,*
> *Die Sonne stand zum Gruße der Planeten,*
> *Bist alsobald und fort und fort gediehen,*
> *Nach dem Gesetz, wonach du angetreten.*
> *So mußt du sein, dir kannst du nicht entfliehen,*
> *So sagten schon Sibyllen, so Propheten;*
> *Und keine Zeit und keine Macht zerstückelt*
> *geprägte Form, die lebend sich entwickelt.«*[11]

Alle Momente jener »Häresie der Weltelemente« sind in diesen meisterhaft formulierten Zeilen versammelt. Sonne und Planeten gelten als dämonische, d. h. göttliche, Mächte. Das jedem Seienden innewohnende Gesetz, durch das der »Dämon«, die göttliche Macht, wirkt – ja, das Gesetz, »wonach du angetreten« – all das ist Ausdruck, ist Gestalt dieses Dämonischen; ebenso die unzerstörbare »geprägte Form«. Unsere Lebensaufgabe besteht dann darin, das vorgegebene Gesetz, dem ich nicht entfliehen kann, in einem immerwährenden Prozeß »fort und fort« zu leben, zu entwickeln und auszufüllen, damit jeder seine Bestimmung erfülle und sie nicht verfehle. Ohne Zweifel hat diese Goethesche Lebenssicht zunächst das gebildete Bürgertum erfaßt und zu dessen allmählicher Entchristianisierung beigetragen. In banalisierter Form sickerte dann diese Geisteshaltung in die Tiefenschichten unseres Volkes. Sie konnte sowohl der marxistischen Geschichtsschau dienstbar gemacht werden[12] *als auch der national-sozialistischen*[13]*. In der Gegenwart erlebt diese Schau neue Wandlungen und lebt in faszinierenden Schlagworten wie »Identitätssuche, Selbstfindung oder Selbstverwirklichung«. Immer aber bleibt der suchende, fragende, hoffende Mensch – trotz seines »Dämons«, trotz der angeblich in ihm wirkenden Kräfte – auf sich selbst zurückverwiesen. Im Scheitern noch und im Schuldigwerden bleibt er Gefangener seines ihn prägenden Gesetzes; und keine vollmächtige Lossprechung kann ihn entlasten.*

---

[11] Goethes Werke, Standard-Klassiker-Ausgabe, Hamburg 1957, Bd. 9, S. 250.
[12] Die Klasse als Vorhut der fortschrittlichen Gesellschaft zur Verwirklichung des Gesetzes der Geschichte.
[13] Das deutsche Wesen als geprägte Form, als unentrinnbares und deshalb zu bejahendes Schicksal.

Es ist also alles andere als »tote Orthodoxie« – wie Joh. Albrecht Bengel mit Recht vermerkt –, wenn die Gemeinde »falsche Apostel« und Irrlehrer entlarvt (»du hast sie als Lügner befunden«) und sie ausscheidet. Geschieht das nicht mehr, dann verkennt man nicht nur den universellen und endgeschichtlichen Geisteskampf, der im Gange ist, sondern die Gemeinde droht selber vom Gift der Häresien durchtränkt zu werden. Sie bleibt dann der Welt das Zeugnis der Wahrheit schuldig.

Daß jenes Ringen um die geistliche Wahrheit nie ohne innere Erschütterungen und leidvolle Erfahrungen vonstatten geht, erhellt die Bemerkung, daß die Gemeinde Geduld hatte, dies alles »getragen« oder »ertragen« und um des Namens Christi willen »gearbeitet« habe und nicht müde geworden sei. Die Mühsal dieses Kampfes kann verschiedene Gestalt annehmen, angefangen von persönlichen Abneigungen über heimliche oder öffentliche Anfeindungen bis hin zur Lüge und zum Verrat, der sich in den Dienst staatlicher Mächte stellt, um die Gemeinde als Wahrheitszeugin zu lähmen und sie weltlichen Zielen dienstbar zu machen. Diese Erfahrungen reichen von den Zeiten frühester Christenverfolgungen bis hin in die Tage moderner Heilsideologien mit ihren totalitären Ansprüchen. Doch selbst dort, wo sich die Christengemeinde in Treue und Standhaftigkeit bewährt hat, kann dies immer noch mit Schuld und Versagen vermischt sein. Der Gemeinde von Ephesus wird vorgehalten: »Aber ich habe gegen dich, daß du die erste Liebe verläßt!« Alles liegt hier nun am sachgerechten Verständnis dessen, was unter »erster Liebe« zu verstehen ist. Das Stichwort »Liebe« verleitet manche Ausleger zu einer psychologisch-sentimentalen oder gar moralischen Deutung. Schon der große Joh. Albrecht Bengel meint, daß es »um die Liebe etwas Liebliches, Ruhiges, Süßes und Zartes« sei, »wenn die Seele durch das Wort der Gnaden erstmals erweckt wird«. »Alle Arbeit an anderen« müsse »aus der Liebe fließen; aber über der Arbeit vergißt man oft die Liebe.«[14] Adolf Schlatter sieht »die warme zarte Liebe geschwächt und das Wohlwollen verdrängt, wenn alle Kraft auf die Abwehr der Feinde verwendet

---

[14] Bengel, S. 38 f.

werden müßte«.[15] Erwin Reisner gar sieht die Gemeinde in der Gefahr »zu Härte und Strenge, also zum Pharisäertum« abzugleiten. Sie nähere sich »also offensichtlich dem Judentum, dem sich die Gemeinde von Ephesus in ihrer puritanischen Strenge bedenklich nähert«.[16]

In allen diesen Deutungsversuchen wird jedoch zu wenig darauf geachtet, wie tief die Johannesoffenbarung im Alten Testament verwurzelt ist und aus der israelitischen Prophetie erwächst. Das Bild der ersten Liebe findet sich z. B. bei Hosea und Jeremia. Für Hosea ist die Zeit des Auszugs aus Ägypten und die Zeit des Bundesschlusses am Sinai die »Jugendzeit des Gottesvolkes, eben die Zeit der Brautschaft und des Verlöbnisses« (Hos 2, 17). Eben in diese Zeit will Gott Israel zurücklocken. Er will sie »in eine Wüste führen und freundlich mit ihr reden« (Hos 2, 16). Dann, in dieser »zweiten Liebe«, wird das Gottesvolk nicht mehr zu Gott »mein Baal« sagen, wie im kanaanäischen Heidentum üblich, sondern »mein Mann« (Hos 2, 18). Auch nach dem Propheten Jeremia »gedenkt« Gott der »freundlichen jungen Dirne«, die Israel einst gewesen, an jene »liebe Braut« von damals, »da Israel dem Herrn eigen war« (Jer 2, 2). Unvermittelt aber schlägt diese freundliche Erinnerung um in die harte Gerichtsfrage: »Was haben eure Väter Unrechtes an mir gefunden, daß sie von mir wichen und hingen an den unnützen Götzen, da sie doch nichts erlangten?« (Jer 2, 5). Die Bundestreue des Herrn beantworteten sie mit Untreue. Sie vertauschten den lebendigen Gott und seine Treue mit dem Nichts der heidnischen Götter und verfielen so selber dem Nichts.

Die erste Liebe verlassen bedeutet, Treue mit Untreue, Glaube mit Unglauben vertauschen. Die Gemeinde mag in ihrer äußeren Gestalt noch intakt sein. Ihre Gottesdienste gehen weiter, die Opfergaben werden eingesammelt, die Katechumenen werden unterrichtet, und Kranke werden noch besucht, und doch droht die Gefahr der Untreue. Glaube kann zur Routine werden und die Diakonie einer Gemeinde zur Sozialarbeit

---

[15] Adolf Schlatter: Erläuterungen zum Neuen Testament, 12. Teil, Die Offenbarung des Johannes, 1921, S.18.
[16] Erwin Reisner: Das Buch mit den sieben Siegeln, Göttingen 1949, S. 37.

degenerieren. Die Lebensäußerungen der Gemeinde werden nicht mehr aus der Quelle des Glaubens gespeist. Die Gemeinde lebt nicht mehr aus der Verheißung und Zusage der Treue Gottes in Jesus Christus. Dann »wird die Liebe in vielen erkalten« (Matth 24, 12).
Genau dies aber ist zugleich ein Kennzeichen der Endzeit, die mit Christi Auferstehung und Himmelfahrt bereits angebrochen *ist*. Gerade im fahlen Morgenlicht des heraufdämmernden jüngsten Tages droht die Gefahr, nicht mehr der Treue Gottes zu vertrauen, sondern Zuflucht bei allerlei Nichtigem (Götzen) zu suchen.
Hans Schwarz dürfte deshalb in seinem jüngsten Büchlein »Das Geheimnis der sieben Sterne« dem Sachverhalt am nächsten kommen. »Bildungsreligion, Toleranz, Liberalität und Weltfrömmigkeit, die geistige Luft von Ephesus, war eine zu große Versuchung, es mit der Wahrheit von Jesus Christus als dem alleinigen Heil nicht ganz ernst zu nehmen. Diese Luft schlägt uns auch heute allenthalben wieder entgegen, obwohl man erneut den Wert der Religion erkennt ... Man findet überall ein Körnchen Wahrheit und will sich doch nicht gegen das Dogma vom neuzeitlichen Pluralismus vergehen.«[17] Lebt die Christenheit nicht mehr allein und ausschließlich aus dem Wort der Treue Gottes, aus dem Wort, das durch Christi Blut bestätigt und versiegelt ist, so baut sie auf den Treibsand der Zeit. Ihr Leuchter gerät in Gefahr, zum Zeichen des Gerichtes umgestoßen zu werden. Mit ihrem Wort, mit ihrer Christusbotschaft, ist die Gemeinde dazu berufen, »Licht der Welt« (Matth 5, 14) zu sein. Stellt man aber das Licht unter einen Scheffel (Matth 5, 15), wozu ist es dann noch nütze? Es ist überflüssig geworden und deshalb entbehrlich. Der Leuchter wird verworfen. »Wer aber nicht hat, von dem wird auch genommen, was er hat« (Matth 13, 12 b)[18].
Zwar haben wir die gewisse Zusage unseres Herrn, daß selbst die Pforten der Hölle seine Gemeinde nicht überwältigen werden (Matth 16, 18), das aber bedeutet nicht, daß an bestimm-

---

[17] Quell Verlag, Stuttgart 1993, S. 52 f.
[18] vgl. Martin H. Franzmann: The Revelation to John, Concordia Publishing House, St. Louis 1976, S. 40 f.

tem Ort und zu bestimmter Zeit geschichtlich existierende Gemeinden nicht auch sterben und vergehen können.[19]
Nach dieser brennenden Mahnung wird noch einmal hervorgehoben, daß die Gemeinde in Ephesus »*die Werke der Nikolaiten*« ablehne, sie sogar »hasse« (V 6). In diesem scharfen Wort kommt Abscheu zum Ausdruck; vielleicht gerade deshalb, weil die »Werke der Nikolaiten« für bestimmte Gruppen in der Gemeinde eine große Anfechtung und Versuchung darstellten. Die Nikolaiten werden nur noch einmal in der Heiligen Schrift erwähnt, und zwar im Sendschreiben nach Pergamon. Während diese sog. Nikolaiten in Ephesus auf Widerstand stoßen, konnten sie offensichtlich in der Gemeinde von Pergamon Fuß fassen. Doch es ist schwer, die Art und das Wesen der Nikolaiten zu fassen.

---

[19] Ephesus selbst ist ein beredtes und erschreckendes Beispiel eines solchen Gerichts. Der Evangelist Johannes und die Mutter Jesu sollen hier gelebt haben. Noch heute zeigt man neugierigen Touristen das Haus der Gottesmutter. Timotheus soll der erste Bischof der Gemeinde gewesen sein. 431 nach Christus wurde von einem später als »ökumenisch« anerkannten Konzil (3. Ökumenisches Konzil) die Gottesmutterschaft Mariens definiert, ein Titel, der ursprünglich nicht die Mutter Maria »erhöhen«, sondern die Gottheit Christi festschreiben sollte. Christus in seiner ganzen ungeteilten Person ist Gott und Mensch zugleich. Aber Ephesus sah auch 18 Jahre später, 449, jene berüchtigte »Räubersynode« (Latrocinium Ephesinum) mit seinen fanatisierten Mönchshaufen, ein warnendes Zeichen, welcher Ungeist die Kirche heimsuchen kann. Selbst jene sachgemäße Erkenntnis von der Gottesmutterschaft Mariens sollte zugleich zur Einbruchspforte einer unbiblischen Marienverehrung werden. Das alles ist vom Strudel der Geschichte hinweggespült worden. Wo einst Christi Name angerufen wurde, hallt nun schon lange der monotone Gebetsruf des Muezzin. Der Leuchter ist weggestoßen worden. Das Evangelium aber ist – einem »fahrenden Platzregen« gleich – weitergezogen (so das bekannte Bild Martin Luthers), um anderswo in der Geschichte das Land zu wässern und Frucht zu schaffen.
So haben auch wir keine Gewähr dafür, daß die Kirchen der Reformation »bleiben« werden. Auch unser Leuchter kann umgestoßen werden. Dies wird geschehen, wenn die Kirchen der Reformation nicht Buße tun und dessen eingedenk werden, wovon sie gefallen sind. Die »erste Liebe« ist notwendig: das Hören auf das Wort der Schrift, das Gebet und der Glaube, der allein in Christus gründet, nicht dem Zeitgeist huldigt. Der Ruf des Sendschreibens mit seinem »gedenke« ist durchglüht von Sorge und Liebe um die Christenheit, damit sie bewahrt werde vor dem Gericht der Verwerfung.

Exkurs: Die Nikolaiten – sexuelle Freizügigkeit und Askese
Immer wieder hat es Versuche gegeben, die »Religiosität« dieser Nikolaiten zu deuten. Bengel z. B. behauptet, sie »waren garstige Leute, die unter dem Bekenntnis des Namens Christi sich der Unzucht und fleischlichen Freiheit ergeben haben«. Ihm folgen eine Reihe von Auslegern.[20] Andere sehen hier Kompromißbereitschaft gegenüber der heidnischen Umwelt am Werke.[21] Vielleicht geben außerbiblische Zeugnisse über diese merkwürdigen Nikolaiten einige Anhaltspunkte, die bisher zu wenig berücksichtigt wurden:
In seinen »Fünf Büchern gegen die Haeresien« (adversus haereses) berichtet Bischof Irenäus von Lyon (um 190 n. Chr.), die Nikolaiten hätten sich nach ihrem Lehrer Nikolaus genannt, nach einem der sieben gemeinsam mit Stephanus geweihten Diakone (Apg 6, 5). Die Apostelgeschichte nennt ihn »Nikolaus, den Judengenossen von Antiochien«! Ihr Leben sei zügellos gewesen, berichtet Irenäus. »Sie lehren, es habe nichts zu bedeuten, wenn man ehebreche oder von Götzenopfern esse.«[22] Damit gehören die Nikolaiten in jene Bewegung, die man als »die fälschlich so genannte Gnosis« bezeichnet.[23] Sie seien »ein Abzweig«, ein Ableger, ein Seitenzweig, dieser die Kirche bedrängenden Bewegung gewesen, deren Ursprung Irenäus auf Kerinth zurückführt. In der Auseinandersetzung mit ihm habe der Evangelist Johannes »ein Evangelium geschrieben«.[24] Die Gnosis behauptet u. a., Christus, der ewige Logos, sei nicht ins Fleisch gekommen, da das Fleisch der Kerker der Seele sei und beflecke. Dem hält Johannes in seinem Evangelium entgegen: »Das Wort ward Fleisch und wohnte unter uns!« (Joh 1, 14)
Etwas anders, wenn auch in den Grundzügen übereinstimmend, berichtet Euseb von Caesarea († 338) in seiner Kirchengeschichte. »Die

---

[20] Bengel, S. 40; Schlatter, S. 20; Eduard Lohse: Die Offenbarung des Johannes, NTD Bd. 11, Göttingen 1983, S. 25 f.
[21] So Hanns Lilje: Das letzte Buch der Bibel, Furche Verlag, Hamburg 1961, S. 83; Ernst Lohmeyer: Die Offenbarung des Johannes, Handbuch zum NT Nr. 16, Tübingen 1953, S. 31 und Martin H. Franzmann, S. 41. Erwin Reisner will aus dem Namen (zusammengesetzt aus Nike = Sieg und Laos = Volk) das Selbstverständnis dieser häretischen Gruppe herauslesen: Siegervolk. Ihnen sei »das religiöse Bekenntnis zum Mittel der Selbstvergottung« geworden (S. 36).
[22] I, 26; 3.
[23] I, 23; 4.
[24] III, 11; 1.

Nikolaiten rühmten den Nikolaus als einen der Diakone, die sich Stephanus angeschlossen hatten und von den Aposteln für die Armenfürsorge aufgestellt worden waren.« Unter Berufung auf seinen Gewährsmann Klemens von Alexandrien, einen Zeitgenossen des Irenäus (zwischen 140/150 und 210/215), berichtet Euseb, daß Klemens in seinem Buch der »Teppiche« erzähle, jener Nikolaus sei von dem Apostel wegen Eifersucht auf eine schöne Frau getadelt worden. Darauf habe dieser seine Frau in die Mitte der Apostel gestellt und sie zur Heirat dem angeboten, der sie haben wolle. Dazu habe er gesagt: »Man muß das Fleisch verachten.« Daraus schlossen die Nikolaiten, daß man »in schamloser Weise Unzucht« treiben könne. Klemens von Alexandrien will jedoch erfahren haben, daß jener Nikolaus nie mit anderen Frauen verkehrt habe. Klemens sieht deshalb in dem Verhalten des Nikolaus und seinem Wort von der Verachtung des Fleisches den Beweis dafür, »daß er der Leidenschaft Lebewohl« gesagt habe und »auf heiß ersehnte Genüsse« verzichtet habe. Er habe nicht zwei Herren dienen wollen, »der Sinnlichkeit und dem Herrn«. Klemens habe in diesem Zusammenhang auf die Apostel verwiesen, die nachweislich im Ehestande lebten, wie Petrus, Philippus, ja sogar Paulus (1. Kor 9, 5).

Aufgrund dieses Berichtes des Klemens von Alexandria hätten jene Nikolaiten also gerade nicht Unzucht und wahllosen Geschlechtsverkehr verherrlicht, sondern ihn verworfen. Während die Apostel keineswegs die eheliche Gemeinschaft ablehnten, wären jene Nikolaiten die ersten Rigoristen, die ersten Asketen der Kirchengeschichte gewesen. Dies muß keineswegs im Widerspruch zu ihrem gnostischen Ursprung stehen. Ist nämlich der Leib nur der Kerker und Feind der Seele und besteht die Erlösung in der Erkenntnis (= Gnosis), daß mein Ich göttlichen Ursprungs ist, ein göttlicher Funke in mir, der sich vom Fleisch lösen muß, dann ergibt sich daraus eine doppelte Konsequenz. Da der Seelenfunke göttlich ist und vom Fleisch nicht befleckt werden kann, ist es unwichtig, ob der Leib sich in dem Taumel geschlechtlicher Leidenschaften verliert. Dies berührt ja keineswegs die Seele. Im Gegenteil, in Unzucht und Ausschweifung kann man beweisen, daß die Seele davon nicht berührt wird.

Man kann aber aus dieser gnostischen Sicht auch genau das Gegenteil ableiten: Weil man erkannt hat, daß der göttliche Funke mein eigentliches Selbst ist, jedoch noch in den Leib, in das Fleisch eingekerkert, so muß man den Leib in seine Schranken weisen. Man demonstriert seine Freiheit im Verzicht auf Speisen, im Verzicht auf

prächtige Kleider, im Verzicht auf Schmuck und Körperpflege und vor allem im Verzicht auf Geschlechtsgemeinschaft. Beide Male aber – in Ausschweifung und Askese – wird die leibseelische Einheit, wie sie der Heiligen Schrift eigentümlich ist, auseinandergerissen.
Nach der Heiligen Schrift hat nicht der Mensch eine lebendige Seele als ein besonderes Göttliches in ihm, sondern Gott hauchte dem von ihm geformten Erdenkloß seinen lebendigen Odem ein. »Und also ward der Mensch eine lebendige Seele« (1. Mose 2,7), wie die unrevidierte Lutherbibel zutreffender übersetzt.[25] *Der Leib und die Seele werden durchaus unterschieden, und doch sind sie zu einer Einheit verschmolzen. Erst im Tod werden sie gewaltsam voneinander getrennt: »Du nimmst weg ihren Odem, so vergehen sie und werden wieder zu Staub!« (Ps 104, 29). Deshalb ist die »Auferstehung des Fleisches« (und nicht nur ein Weiterexistieren der Seele) notwendiger Bestandteil der biblischen Botschaft. Weil Gott uns zu dieser leibseelischen Einheit geschaffen hat und eben darin unser Personsein vor Gott besteht, wird der Tod durch die Wiederherstellung dieser leibseelischen Einheit, d. h. in der Auferstehung des Fleisches, endgültig überwunden. Die Gnostiker dagegen träumen vom Weiterexistieren jenes göttlichen Seelenfunkens. Sie bedürfen keiner Auferstehung. Die Verachtung des Leibes ist die logische Konsequenz, sei es in der Verachtung durch Zügellosigkeit oder in der Verachtung durch Askese und Unterdrückung der Leiblichkeit. Die Ehe als gottgewollte Ordnung (und die beiden »werden ein Fleisch sein« 1. Mose 2, 24) wird verworfen. Die leibfeindliche Haltung der Nikolaiten könnte auch Hintergrund jener apostolischen Warnung in den Pastoralbriefen vor jenen sein, »die da gebieten, nicht ehelich zu werden« (1. Tim 4, 2).*
Ausdrücklich wird diese Sicht als eine Erscheinung der »letzten Zeiten«, der Endzeiten also, gesehen und auf verführerische Geister und Lehren der Teufel zurückgeführt (1. Tim 4, 1). Kein Zweifel! Diese nikolaitische Sicht des Menschen hat in den folgenden Jahrhunderten Geschichte gemacht; angefangen von bestimmten mönchischen Lebensformen bis hin zur erzwungenen Ehelosigkeit der Priester (Zölibat). Sexuelle Zügellosigkeit und Ungebundenheit erweisen sich dabei als Pendelschlag hin zum anderen Extrem.

---

[25] Die Übersetzungen »lebendes Wesen« – so G. von Rad – oder »lebendiges Wesen« – so die revidierte Lutherbibel – sind zu blaß und zu nichtssagend.

Die Heilige Schrift dagegen hält sich an die »via Regia«, den königlichen Weg«, mitten zwischen den Extremen hindurch. Liebe und Sexualität gehören mit zum Personsein des Menschen. Nicht Sexualität allein, sondern entsprechend der leibseelischen Ganzheit und Einheit des Menschen Leibesgemeinschaft und Liebe. Ohne Liebe wird die geschlechtliche Gemeinschaft verzerrt und entstellt. Erst in Liebe und Vertrauen eingebettet, wird die Leibesgemeinschaft zwischen Mann und Frau sinnvoll und schenkt Erfüllung. Damit ist die Einehe als gottgewollte Ordnung mitgesetzt. Geschützt werden muß sie vor dem Eindruck des Dämonischen, sei es, daß die eheliche Liebe asketisch als Unvollkommenheit oder gar als unsittlich verteufelt wird, sei es, daß sexuelle Zügellosigkeit zerstörerisch in die Ehe einbricht. Deshalb das Gebot »Du sollst nicht ehebrechen« und die wiederholten Mahnungen, die Hurerei zu meiden. Nach beiden Seiten hin zieht die Heilige Schrift klare Grenzlinien; hier im Sendschreiben nach Ephesus gegen einen gnostischen Asketismus, in den anderen Sendschreiben – wie wir noch sehen werden – gegen eine falsch verstandene sexuelle Liberalität und Großzügigkeit.

Das Sendschreiben nach Ephesus schließt – wie übrigens alle anderen auch – mit der eindrucksvollen Mahnung: »Wer Ohren hat, der höre, was der Geist den Gemeinden sagt.« Das physische Ohr und damit auch das leiblich-hörbare Wort ist das Organ des Heiligen Geistes. Die Wahrheit steigt also nicht aus den Tiefenschichten der menschlichen Seele auf. Sie ist nicht mit jenem Seelenfunken identisch, den die alten und neuen Gnostiker bzw. Esoteriker im Seelengrund zu finden meinen. Die Wahrheit ist auch nicht – wie Feuerbach, Marx und Freud träumten – eine Projektion menschlicher Wünsche an den Himmel. Gewiß ist die Seele des Menschen seit Adams Fall eine »fabricatrix deorum«, eine Schöpferin, Erfinderin und Entwerferin von »Gottheiten«. Aber diese »Gottheiten« sind Götzen, geformt nach des Menschen Bild. Alle diese Gottheiten und Seelenfünklein sind nichts anderes als Illusionen, die wie schillernde Seifenblasen zerplatzen.

Die Wahrheit, das Wort aus Gottes Mund, trifft den Menschen von außen! Es wird ihm zugerufen und zugesprochen. Der Geist wirkt nicht unmittelbar von Geist zu Geist, so als ob zwei gleichgesinnte Partner sich direkt innere Botschaften wortlos zusignalisierten. Gottes Geist und Wahrheit schaffen und prägen den inwendigen Menschen auf leibhafte Weise. Glaube als Antwort auf das hörbare Wort ist stets ein Geschöpf des Geistes, der worthaft ist. Das Wort aber ist geistdurchweht. Mit dem Ruf »Wer Ohren hat, der höre« wiederholt der erhöhte Herr die Mahnung des irdischen Jesus (Matth 11, 15; 13, 9, 43; Mk 4, 9, 23; Luk 8, 8; 14, 35). Der irdische Jesus und der erhöhte Herr haben kein anderes als eben dieses geistdurchwehte Wort. Es ist derselbe Geist, der hier und dort leibhaftig zu uns Menschen redet.

Durch Wort und Geist aber wird den Überwindern »zu essen« gegeben »von dem Baum des Lebens, der im Paradies Gottes ist« (V 7). Wiederum geht es um einen leiblichen Vorgang (= Essen), der den ganzen Menschen nach Leib und Seele erfaßt. Genau dieser Vorgang ist auch mit der »mündlichen Nießung« beim Heiligen Abendmahl gemeint. Der Baum des Lebens erinnert zugleich an jenen Baum des Lebens, der mitten im Paradies Gottes gepflanzt war (1. Mose 2, 9) und der in der Vollendung am jüngsten Tage wieder zugänglich ist. Durch Christi Tod und Auferstehung steht der Cherub mit dem flammenden Schwert nicht mehr vor der Pforte zum Paradies. Die Erhöhung Christi ist Ausdruck für den erneuten Zugang zum Baum des Lebens, der den Hörenden und Glaubenden offensteht. Denn die Weisheit, die aus Gott kommt, so heißt's im Buch der Sprüche (Spr 3, 18), »ist ein Baum des Lebens«! Wer über Gottes Weisung Tag und Nacht nachsinnt, wer aus dieser Weisung lebt, »der ist wie ein Baum, gepflanzt an den Wasserbächen« (Ps 1, 3). Die Wasserbäche erinnern an die Paradiesesströme (1. Mose 2), aber auch an die endzeitliche Sicht des einen gewaltigen Paradiesstromes mit seinen fruchtbaren Bäumen (Hes 47, 1–2; 7, 9, 12). Die Blätter des Holzes des Lebens dienen der Gesundheit der Heiden bzw. der Völker. Sie sind zum ewigen Leben gesundet.

Das Symbol vom Lebensbaum ist auch in vielen außerbiblischen Mythen geläufig. »In der religiösen Erfahrung des archaischen[26] Menschen stellt der Baum ... eine Macht dar.« Dabei verschmelzen Symbol (Baum) und die göttliche, Gesundheit spendende Macht miteinander (vgl. Zauber- und Heilpflanzen). Der Baum wird zu einer göttlichen Macht, weil seine Form, das Verwur-

---

[26] urzeitlichen

zeln im Erdreich, der senkrechte Wuchs, das Nach-oben-Streben der Zweige und Blätter und das sich jährlich erneuernde Laub von diesen erneuernden Kräften zeugen. Der Baum stellt den sich immer wieder erneuernden Kosmos als Ganzes dar. So wird er als heilig erkannt, und es wird unter Bäumen geopfert, gefeiert und getanzt. Sogar als Wohnung der Gottheit kann der Baum begriffen werden.[27]

Selbstverständlich wird in der Johannesoffenbarung nicht mehr über diesen uralten Mythos vom Baum reflektiert. Aber das Symbol ist durch den »Baum des Lebens« (1. Mose 2, 9) vorgegeben und wird mit einer großen Selbstverständlichkeit eingesetzt. »Wer überwindet«, der soll vom Baum des Lebens essen können. Überwinder aber sind jene, die den »guten Kampf des Glaubens« (1. Tim 6, 12; 2. Tim 4, 7) »getreu bis an den Tod« bestanden haben (Offb 2, 10). Wer aber ist der Überwinder schlechthin? Der Christus, »der gehorsam war bis zum Tode, ja bis zum Tode am Kreuz« (Phil 2, 8). Dort wurden die gottfeindlichen Mächte – Teufel, Hölle, Sünde und Tod – vernichtet.

Mit Recht haben deshalb die Kirchenväter der ersten Jahrhunderte im Kreuz Christi das Holz oder den Baum des Lebens gesehen. Ein uraltes mythisches Bild wurde so vergeschichtlicht. Vertraue ich diesem Gekreuzigten mein Leben an, können mir jene Mächte nicht mehr schaden. Ich habe Anteil am Holz des Lebens! Mit diesem Hinweis schließt das tiefsinnige Sendschreiben an die Gemeinde im damaligen weltläufigen Ephesus und in unserer heutigen weltläufigen und weltförmigen Gesellschaft.

»In solchen kurzen Worten« – so schließt Joh. Albrecht Bengel – »liegen große Dinge! Ein leichter Sinn gleitet darüber hin. Wer auf alles merkt und es sich auch selbst gesagt sein läßt, der kann zu großer Kraft kommen.«[28]

---

[27] Mircea Eliade: Die Religionen und das Heilige, Wissenschaftliche Buchgesellschaft, Darmstadt 1976, S. 303 ff.
[28] Bengel, S. 42.

Smyrna
(Offb 2, 8–11)

⁸ Und dem Engel der Gemeinde in Smyrna schreibe: Das sagt der Erste und der Letzte, der tot war und ist lebendig geworden:
⁹ Ich kenne deine Bedrängnis und deine Armut – du bist aber reich – und die Lästerung von denen, die sagen, sie seien Juden und sind's nicht, sondern sind die Synagoge des Satans.
¹⁰ Fürchte dich nicht vor dem, was du leiden wirst! Siehe, der Teufel wird einige von euch ins Gefängnis werfen, damit ihr versucht werdet, und ihr werdet in Bedrängnis sein zehn Tage. Sei getreu bis an den Tod, so will ich dir die Krone des Lebens geben.
¹¹ Wer Ohren hat, der höre, was der Geist den Gemeinden sagt! Wer überwindet, dem soll kein Leid geschehen von dem zweiten Tode.

Smyrna, das heutige türkische Izmir, ist aus der Geschichte der werdenden Christenheit nicht mehr hinwegzudenken. Hier wirkte vor allem bis zu seinem Martyrium am 23. Februar 155 n. Chr. der Bischof Polykarp von Smyrna, einer der bedeutendsten Gestalten der damaligen Zeit. Er war in der östlichen Reichshälfte des Imperium Romanum ebenso bekannt wie in der westlichen. Irenäus von Lyon bekennt sich als dankbarer Schüler dieses Mannes: »Ich kann den Ort angeben, wo der selige Polykarp saß, wenn er sprach, die Plätze, wo er ein- und ausging, seine Lebensweise, seine körperliche Gestalt, seine Reden an die Gemeinde, seine Erzählungen über den Verkehr mit Johannes und mit den übrigen, die den Herren gesehen haben, seinen Bericht über ihre Lehren, ferner das, was er von diesen über den Herrn, über seine Machttaten und über seine Lehre gehört hatte. Wie er es von den Augenzeugen des Lebens des Logos übernommen hatte, erzählte Polykarp alles im Einklang mit den Schriften.«[1] *Polykarp hat also den Jünger Johannes persönlich gekannt und wurde von diesem unterrichtet. Das scheint die Überlieferung zu*

---

[1] Euseb von Caesarea: Kirchengeschichte V, 20, 6.

bestätigen, Johannes habe in Ephesus gelebt und sei auch dort begraben. Ob Johannes selbst den Polykarp als Bischof von Smyrna eingesetzt hat oder ob er allgemein »von den Aposteln« berufen worden ist[2], läßt sich nicht mehr sicher entscheiden. Auf jeden Fall ist Polykarp einer jener »viri apostolici«[3], einer der »apostolischen Männer«, gewesen, die noch unmittelbare Apostelschüler und Augenzeugen ihres apostolischen Wirkens waren. Polykarp reiste auch nach Rom, um gegenüber dem dortigen Bischof Anicet den Termin der Osterfeier[4] der (klein-)asiatischen Gemeinden zu verteidigen.[5] Damit bestritt er offensichtlich den aufkeimenden Universalismus und Alleinvertretungsanspruch der römischen Bischöfe. Polykarp wahrte so »evangelische Freiheit«; denn zur wahren Einheit der Kirche genügt es nur, in der Verkündigung des Evangeliums übereinzustimmen, nicht aber, daß überall gleiche, von Menschen eingesetzte Riten und Zeremonien eingehalten werden.[6]

Bewegend ist der Bericht, den die Gemeinde Smyrnas vom Märtyrertod ihres Bischofs allen christlichen Gemeinden »auf der ganzen Welt« mitgeteilt hat. Die Verfolgung ereignete sich zur Zeit des philosophierenden Kaisers Mark Aurel. Anlaß dieser Verfolgung war der geforderte Kaiserkult. Die Verfolgung wurde übrigens von der sehr einflußreichen jüdischen Synagogengemeinde in Smyrna gefördert. Die jüdische Religion war die einzige, die als »religio licita«, als »erlaubte Religion«, vom Kaiserkult befreit war, während die Christengemeinden dieses Privileg nicht besaßen. Die Gemeinde versucht zunächst, ihren Bischof, der vor allen anderen besonders gefährdet war, auf einem Landgut in der Nähe der Stadt zu verbergen. Dort pflegte Polykarp »für die Kirchen des ganzen Erdkreises« zu beten. Er muß seinen Tod geahnt haben; denn er kündete seiner Umgebung aufgrund eines Traumes sein Ende in Feuerflammen an. Als man ihn schließlich entdeckte, ging er aufrecht und würdevoll seinen Häschern mit den Worten entgegen: »Der Wille Gottes geschehe!« Vertreter römischer Behörden versuchten, den würdevollen Greis vor dem Tode zu bewahren. »Was ist es denn Schlimmes, Herr Kaiser (Kyrios

---

[2] Wie Irenäus von Lyon dies ausdrückt, vgl. ad. haer. III, 3, 4.
[3] So Tertullian: De praescr, haer. 32.
[4] 14. Nisan, unabhängig vom Wochentag.
[5] In Rom feierte man den Freitag nach dem 14. Nisan und den darauffolgenden Sonntag als Ostertag.
[6] Siehe Art. VII des Augsburgischen Bekenntnisses, ebenso Artikel XI.

Kaisar) zu sagen und zu opfern und sich das Leben zu retten?«, hielt man ihm entgegen. Doch Polykarp blieb standhaft. Zuletzt führte man ihn auf die »Rennbahn«, auf der das Schauspiel seines Todes inszeniert werden sollte. Der römische Prokonsul, der ihn verhörte, beschwor ihn: »Nimm Rücksicht auf dein hohes Alter!« Wenn er, Polykarp, beim Glück des Kaisers schwöre, werde er freigelassen: »Lästere deinen Christus!« Polykarp aber antwortete: »Schon 86 Jahre diene ich ihm, und er hat mir kein Leid getan. Wie kann ich meinen König, der mich erlöst hat, lästern?« Und vor dem Prokonsul und vor der in der Rennbahn versammelten Menge aus »Heiden und Juden« (wie es ausdrücklich in dem erwähnten Bericht heißt) erklärt er: »Vernimm das offene Bekenntnis: Ich bin Christ!« Darauf tobt und schreit die Masse, schleppt Holz und Reisig zusammen, bringt Polykarp auf den Scheiterhaufen und zündet diesen an. Als aber, durch den Wind bedingt, die Flammen den Leib des Märtyrers nicht richtig erfassen, wird er mit einem Schwertstoß in die Brust getötet. Auf Veranlassung und Drängen der jüdischen Bevölkerung der Stadt Smyrna soll sein Leichnam der Gemeinde nicht zur Bestattung freigegeben werden. Ein römischer Hauptmann läßt den Toten verbrennen. Die Gebeine werden dann den Christen übergeben. Soweit der Bericht der Gemeinde von Smyrna.[7]
Geht man von diesem Märtyrerbericht aus – und es besteht kein Grund, ihn nicht für authentisch zu halten – dann starb Polykarp, nachdem er 86 Jahre Christ gewesen ist, d. h. er müßte schon als Kind getauft worden sein (ein indirektes Zeugnis dafür, daß man schon in der apostolischen Zeit die Kindertaufe übte). Sein Geburtsjahr dürfte somit um das Jahr 70 oder nur wenig danach zu suchen sein. Als das »apokalyptische« Sendschreiben nach Smyrna erging, war Polykarp – wenn auch noch nicht Bischof von Smyrna – bereits Gemeindeglied in Ephesus oder Smyrna. Aus dem Mund seiner apostolischen Lehrer dürfte er die entscheidenden Aussagen über Christus, mit denen dieser Sendbrief nach Smyrna beginnt, gehört, als Bekenntnisformeln gelernt, aber nicht nur gelernt, sondern tief in sich aufgenommen haben. Denn nur ein Mann, der dessen gewiß ist, daß Jesus Christus der »Erste und der Letzte« ist, der »tot war und ist lebendig geworden«, nur ein solcher Mensch kann so tapfer, aber auch so gelassen in den Tod gehen wie Polykarp. Wer wollte leugnen, daß Todesangst in uns allen schlum-

---

[7] Nach Euseb von Caesarea: Kirchengeschichte IV 15, 1–15, 45.

mert, daß sie erwacht und uns in die Glieder fährt, wenn der Tod uns auch nur von ferne streift. Wie schnell und wie oft wird der Tod verdrängt und zu vergessen versucht. Auch ein Polykarp wird Todesangst gekannt haben. Aber seine Angst ist im Glauben gebändigt. Sie wird durch die Gewißheit, daß Christus der Sieger ist, immer wieder besiegt.

Christus stellt sich in dem Sendschreiben nach Smyrna mit einem Wort von großem Gewicht vor! Als »der Erste und Letzte« (V 8) nimmt er ein Wort aus dem Jesaja-Buch auf. Dort sind es Worte, die Jahwe, der eine, ewige Bundesgott, an Jakob und Israel richtet: »So spricht Jahwe, der König Israels und sein Erlöser, Jahwe Zebaoth: Ich bin der Erste und ich bin der Letzte, und außer mir ist kein Gott!« (Jes 44, 6 und 48, 12). In diesem Prophetenwort stellt sich Gott als der Schöpfer Israels vor und zugleich als sein Erlöser, der durch die Ausgießung seines Geistes sein Volk segnen und erneuern wird. Es ist Gottes Art und Wesen, daß er aus dem Nichts etwas macht, daß er das Verlorene wiederfindet und das Zerschlagene wiederaufrichtet und sich in all seinem Tun als der Gnädige erweist.

In diesem Sendschreiben nach Smyrna übernimmt Christus dieses Jahwe-Wort gleichsam in eigener Verantwortung. Das schöpferische und neuschöpferische, das erlösende und das richtende Wesen Jahwes ist in ihm und in seinem Leben, Sterben und Auferstehen wirkmächtige Gegenwart. *Er ist der, der tot war und wieder lebendig geworden ist.* Gott und Christus sind zu *einem* Leben verschmolzen. Er ist der Erste, weil Er im Akt der Schöpfung bereits am Werk war. Das achtfache »Es werde« der Schöpfungsgeschichte (1. Mose 1) ist *Sein* Wirken und Schaffen, weil Er dieses schöpferische Wort selber ist. Der gesamte Kosmos ist vom ersten Augenblick seines Werdens »wortförmig« und damit zugleich »christusförmig«. Alles wird von diesem Wort ins Dasein gerufen. Erde und Himmel, Pflanzen, Tiere und Menschen sind keine göttlichen »Ausfließungen« (Emanationen), keine »Ausdünstungen« des Urgrundes allen Seins. Sie sind aus dem Nichts ins Dasein gerufen, und sie werden bis zuletzt vom Wort, das Er selber ist, über dem Nichts gehalten und bewahrt. Dieses ewige, schöpferische Wort nimmt *unser* Fleisch und Blut an, kriecht in *unser* todgeweihtes Dasein hinein. Gott wird zum »schicksalsinwendigen« Gott, teilt unsere Verlorenheit und sprengt zugleich das Totenreich von innen her auf. Ist Gott im Tod, dann muß der Tod dem ewigen Leben weichen. Er war tot und ist lebendig geworden, weil er der Lebendige war und ist und bleiben wird! Deshalb wird Er auch der Letzte sein. Wenn alles vergangen sein wird, so bleibt doch die ewige Gottheit. Es bleibt das ewige Wort der Liebe, das er selber ist. In diesem Wort wiedergeboren, werden wir leben; wir, die wir von ihm, seinem Wort und Geist ergriffen und erfüllt sind.

Deshalb konnte ein Polykarp im Tode noch Christus verherrlichen und zum »Märtyrer«, zum Zeugen Christi im strengsten Sinne, werden. Dieses Zeugentum, dieses Märtyrertum, hat von damals bis heute immer wieder die Geschichte der Kirche erhellt. Es konnte geschehen, daß Menschen »treu« waren »bis an den Tod« und die »Krone des Lebens« empfingen (Vers 10 b). »Christus war *das* Leben vor seinem Tode«, schreibt Joh. Albrecht Bengel in seiner Auslegung. »Darum hat der Tod ihm nur so einen kurzen Stich geben können. Seine Lebenskraft ist dadurch nicht im geringsten versehrt worden, sondern als Er dem Fleische nach getötet wurde, ist die verborgene Macht des Geistes von dem Augenblick seines Todes an desto freier ausgebrochen, als ob sie Luft bekommen hätte. Da hat Jesus sich als ein Toter an den Toten bewiesen und als der Lebendige an denen, die Er lebendig macht. Der Tod ist geschwind, vorläufig, er scheint die Oberhand zu haben – aber das Leben ist unaufhörlich. Und beides kommt uns im Glauben und dessen Übung überschwenglich zustatten.«[8]

Darin besteht der Reichtum einer christlichen Gemeinde! Mitten in einer todverfallenen Welt, mitten im Toben ihrer Feinde ist sie »reich«, ausgestattet mit den Gaben des Herrn der Ewigkeit. Die bedrängte Gemeinde in Smyrna freilich scheint sich *dieses* Reichtums nicht bewußt zu sein. Auch sie ist von Trübsal heimgesucht, von den Bedrängnissen und Anfechtungen, die eine christusfeindliche Welt ihr bereitet; und sie trägt die Bürde ihrer Armut. Deshalb erinnert sie das Sendschreiben an ihre verborgenen Schätze. Ermutigend und die Augen öffnend

---

[8] Bengel, S. 45.

wird schnell die Erkenntnis eingeschoben: »Du bist aber reich« (V 9). *Smyrna* war einst eine volkreiche, von blühendem Geschäftsleben erfüllte wohlhabende Handels- und Hafenstadt. Aber es waren nicht die Wohlhabenden, nicht die Erfolgreichen, nicht die Einflußreichen, nicht die Angesehenen und nicht die Bankiers und nicht die Herren großer Handelshäuser, die zur Gemeinde gehörten. Es waren die kleinen Leute, die der Ruf Christi erreicht und ihnen ein *neues Bewußtsein* verliehen hatte, das Bewußtsein, zu Gottes Volk zu gehören. Es waren die aus den Hinterhöfen und aus den Stadtrandsiedlungen, die Hafenarbeiter und Tagelöhner, die Knechte und Mägde, die Handwerker, die sich mit ihrer Hände Arbeit mühsam durchs Leben schlugen. Sie waren in Smyrna zu einer neuen Gemeinschaft zusammengeschmolzen; und damit war gleichsam eine *neue Wertung*, ein *neuer Ton* in die antike Welt hineingekommen.[9]

Denn der bisher unbeachtete Horizont der Geschichte wird erhellt. Das Volk, die Verachteten und Unbedeutenden, der tumultarische Hintergrund der Geschichte findet Beachtung.

---

[9] Erinnert sei hier daran, daß Smyrna eine jener sieben Städte war, die beanspruchten, der *Geburtsort Homers* zu sein, jenes Sängers, der den blutigen Kampf um Troja und die Irrfahrten und die endliche Heimkehr des listenreichen Odysseus beschworen hat. Wir brauchen uns hier nicht auf die vielfältige und widerspruchsreiche Homerauslegung einzulassen. Von allen Städten, die beanspruchen, Homers Vaterstadt zu sein, hat Smyrna freilich die größte Berechtigung. Jene von Homer besungene Heroenzeit lag freilich schon Jahrhunderte zurück. Doch keine Vergangenheit ist je ganz vergangen, vor allem dann nicht, wenn Geschichte in Mythe und Sage gefaßt und in Wort und Schrift verkündet wird. Homers Heldenlied ist ein düsteres und schicksalsschwangeres Lied. Recht und Schicksal, Dike und Moira, walten über Menschen und Göttern zugleich. Es bedarf des Heros, des Helden, der dem Schicksal trotzt und der das Recht herausfordert. Helden werden also besungen als aus allem Volk herausragende Gestalten. Der »Übermensch« wird beschworen, der kraft seiner Taten und in unbändigem Trotz nach dem Göttlichen, nach Unsterblichkeit, greift. Die vor Troja aufgebotene Mannschaft, das Volk, dagegen bleibt merkwürdig schemenhaft. »Das Volk ist Holz, das um der Fürsten willen verbrannt wird. Es liefert den wimmelnden Hintergrund, von dem sich der Held abhebt, es ist der unbeachtete Horizont der Geschehnisse.« (Gerhard Nebel: Homer, Klett-Verlag, Stuttgart 1959, S. 60).

Nicht mehr der Heros, der Übermensch, gestaltet die Geschichte, nicht mehr der »Mensch-Gott« trotzt dem Schicksal, sondern »der Gott-Mensch« betritt das Schlachtfeld der Geschichte. Das Antlitz dieses Gott-Menschen aber ist das »Haupt voll Blut und Wunden«! – »Also hat Gott die Welt geliebt!« (Joh 3, 16). Gott ist selbst ein Stück Holz geworden und läßt sich im Feuer des Gerichtes verbrennen, läßt sich vom Schicksalsfluch, der über der Menschheit lastet, verzehren. Er wird ein Verworfener unter Verworfenen, damit er die Verworfenen wieder zu Ehren bringe. »Nicht viel Weise nach dem Fleisch« werden erwählt, »nicht viel Gewaltige, nicht viel Edle sind berufen, sondern was töricht ist vor der Welt, das hat Gott erwählt ... und das Unedle vor der Welt und das Verachtete hat Gott erwählt, und das da nichts ist, daß er zunichte mache, was etwas ist ...« (1. Kor 1, 26–28).

Nicht dem Heros, nicht dem Übermenschen, nicht dem »Menschen-Gott«, gehört die Zukunft. Den Geschichtsraum betritt »das auserwählte Geschlecht, das königliche Priestertum, das heilige Volk, das Volk des Eigentums« (1. Petrus 2, 9). In den Augen ihrer Umgebung waren jene Christen so unbedeutend, so arm, so verachtet wie eh und je. Aber welch ein *neues* »Selbstbewußtsein« erwuchs hier aus der Predigt vom gekreuzigten und auferstandenen Christus! Verlorenen Menschen wird ein »*Adel*« ohnegleichen geschenkt! Nicht ein Adel aufgrund von Blut und Abstammung, nicht aufgrund von Erbe und Verdienst. Dieser Adel wird *dem* verliehen, der vor Gott zunichte geworden ist und allein aus Gottes Erbarmen lebt. Der Adelsbrief ist mit dem Blut Christi unterzeichnet. Zugesprochen wird uns die Gerechtigkeit Christi! Sie wird im Hören zu *unserer* Gerechtigkeit kraft der Vergebung Christi. Der Christ kann leben in dem Bewußtsein, daß ihm die Zukunft gehört. Nicht der Tod ist seine letzte Bestimmung, sondern das ewige Leben. Die Verworfenen werden im Gericht freigesprochen, weil sich Christus ihrer Verlorenheit erbarmt hat. Als von Sünde, Gesetz und Gericht befreite Männer und Frauen haben Christen, hat die Gemeinde freien Zugang zum Vater, der einst nur dem Priester vorbehalten war. Nun aber sind sie alle Priester kraft des *einen* Mittlers Jesus Christus.

Dieses »allgemeine Priestertum« darf freilich nicht mit der

radikal-demokratischen Idee der Gleichheit aller Menschen verwechselt werden. In der jüngsten Zeit hat man zwar wiederholt behauptet, jene Idee der Gleichheit aller Menschen sei aus dem allgemeinen Priestertum aller Gläubigen erwachsen. Dies trifft nur in einem sehr eng begrenzten Maße zu. Zwar schließt das allgemeine Priestertum der Gläubigen die gleiche Würde vor Gott mit ein. Aber die *Grunddifferenz* zwischen Glaube und Unglaube, zwischen Erwählung und Verwerfung, zwischen Heil und Unheil, zwischen Gericht und Freispruch bleibt bestehen. Nur der Glaube an Christus, der unser Bruder geworden ist, macht die Glaubenden zu Brüdern und Schwestern. Aber diese gleiche priesterliche Würde hebt die Verschiedenheiten der einzelnen nicht auf. Wir bleiben Mann und Frau, Sohn oder Tochter, Arbeiter, Handlanger, Bauer, Ingenieur, Akademiker. Wir sind jung oder alt, gebrechlich und hilfsbedürftig oder tatkräftig und für uns selbst verantwortlich und dergleichen mehr. Diese »naturgegebenen« Unterschiede bleiben bestehen.

Deutlich wird dies gerade auch an den verschiedenen Gnadengaben, von denen z. B. Paulus zu reden weiß. Gerade gegenüber einem gleichmacherischen Enthusiasmus hebt er die *Verschiedenheit* der Gaben hervor (1. Kor 12). Die Glieder am Leib sind verschieden und haben unterschiedliche Aufgaben. Hätten sie alle eine Aufgabe, so bedeutet das den Tod des Leibes, genauso wenn umgekehrt die verschiedenen Glieder einander nicht dienten. So sind »mancherlei« Gaben, aber ein Geist, mancherlei Ämter, aber *ein* Herr, mancherlei Kräfte, aber *ein* Gott, der da wirkt alles in allem« (1. Kor 12, 4–6). Es ist die *gleiche* Vergebung des Herrn, der etwa ein König ebenso bedarf wie ein Tagelöhner. Es ist die *gleiche* Gnade, der der Reiche ebenso bedarf wie der Arme. Es ist das *gleiche* Erbarmen, dessen der Mann ebenso bedarf wie die Frau, der Weiße ebenso wie der Farbige. Doch die gleiche Vergebung, die gleiche Gnade und dasselbe Erbarmen heben z. B. das Mann- oder Frausein nicht auf, ebensowenig wie rassische oder sprachliche oder kulturelle Verschiedenheiten. Gleichwohl bedürfen sie alle des *einen* Christus und Seiner Erwählung und Berufung. Die Gleichheit liegt – biblisch gesehen – *nicht in uns*, sondern *sie liegt in Gott und seinem Christus* beschlossen. *Er* hat uns bei aller Verschiedenheit nach *seinem* Bild geschaffen, und es ist *seine* Liebe, die

uns in Christus neu schaffen will hin zu seinem Bilde, nachdem wir unsere Gottebenbildlichkeit verspielt hatten.
Wird aber die Erkenntnis, daß wir alle von derselben Gnade leben, zur radikal-demokratischen Gleichheit aller Menschen säkularisiert[10] – und die Säkularisation besteht gerade darin, daß unsere Gleichheit nicht mehr *in* Gott gründet, sondern in unserer Menschennatur –, dann droht die Gefahr, daß der Einzelne in der grauen Schar der Vielen und Allzu-gleichen versinkt. Es entsteht der Massenmensch! Er aber ist grundsätzlich austauschbar. Er wird zwar gebraucht, etwa als Stimmbürger – deshalb muß man ihn bei Laune halten – oder etwa als Produzent und Konsument, als Menschenmaterial – ein verräterisches Wort – oder als Demonstrant. Gerade hier aber lauert überraschenderweise die Versuchung zum Übermenschen. Will der einzelne dem grauen Einerlei entrinnen, dann muß er sich über die Masse erheben. Die antike vorchristliche Verachtung des »Demos«, des Volkes, kehrt in nachchristlich-säkularisierter Form zurück.

Exkurs: Christsein als Ärgernis
Die christliche Gemeinde darf sich hier nicht irreführen lassen. Im politischen Bereich mag die Demokratie als Staatsform zur zeitweiligen und von der Mehrheit gebilligten Machtübertragung und dem damit verbundenen Widerruf dieser Machtübertragung ihren angemessenen Platz haben. Die christliche Gemeinde muß – will sie ihrer Botschaft treu bleiben – immer wieder darauf hinweisen, daß unsere Menschenwürde nicht in unserer »Natur« liegt, sondern daß Menschenwürde allein von Gott her bestimmt werden kann. Sie scheint auf am Kreuz! Sie wird von dem Einen gegen Sünde, Hölle, Fluch und Tod erkämpft! Sie wird uns zugesprochen! Sie kann nur in rechter Gottesfurcht bewahrt bleiben. Sie kann sich nur in erbarmender Liebe bewähren; in der Liebe, die vom Kreuz kommt. Auch das will uns jenes Sendschreiben nach Smyrna und der geistliche Reichtum einer an irdischen Gütern armen Gemeinde lehren.
Die Gewißheit, dem auserwählten Geschlecht, dem königlichen Priestertum, dem Volk des Eigentums, dem heiligen Volk anzugehören (1. Petr 2, 9), wird freilich auch zum Ärgernis und fordert

---
[10] verweltlicht

zum Widerspruch heraus. Die Welt, die Umwelt, die anderen Kultgemeinschaften können darin nur Überheblichkeit erblicken. Ihnen fehlt die demütigende Erkenntnis der eigenen Verlorenheit. Sie wissen nicht darum, daß der Adel, dem heiligen Volk Gottes anzugehören, kein Verdienst und kein Hochmut ist. Wir leben aus der unverdienten, uns selbst völlig überraschenden Vergebung Christi. Christ kann man deshalb nur in Furcht und Zittern sein. Christsein macht nicht arrogant, sondern weckt in uns das Erbarmen mit den Verlorenen, die noch unter dem Fluch des Gesetzes, der Angst und des Todes gefangen sind.

Weil die Augen der Welt »gehalten« sind, kann sie diesen entscheidenden Unterschied nicht erkennen. Oft will sie ihn auch nicht sehen. Deshalb flammt immer wieder Haß auf gegen den Christus und seine Gemeinde. Deshalb der schauerliche Schrei vor den Palaststufen des Pilatus: »Kreuzige ihn!« Deshalb kommt es immer wieder zur »Trübsal«, in die die Gemeinde hineingehalten wird wie ein Schmiedeeisen in die glühende Esse, damit auch noch die letzten Schlacken von Hochmut und falscher Selbstsicherheit aus der Gemeinde herausgeschmolzen werden.

Im Verlauf der Weltgeschichte können solche Christenverfolgungen auf die verschiedenste Art auftreten. Zuweilen sind es blutige und grausame Verfolgungen wie zu Zeiten eines Nero oder eines Mark Aurel, deren Opfer ein Polykarp von Smyrna wurde. Aber diese grausamen Christenverfolgungen sind keineswegs Vergangenheit. Dieses so modern und sich aufgeklärt dünkende 20. Jahrhundert erlebte die bisher größten Verfolgungen in Rußland unter Lenin und Stalin, im China Mao Tse-tungs, im Kambodscha eines Pol Pot oder in Afrika, wo der vordringende Islam Hunderttausende von Christen umbringt. Ein totgeschwiegenes Kapitel! Zeichen der Endzeit! Mit fortschreitender Zeit ballt sich der antichristliche Haß immer dichter zusammen.

Dieser Haß kann sich aber auch »aufklärerisch« geben, in eiskaltem Spott über Pfaffenbetrug oder Muckertum. Er kann sich auch in leise, aber nachhaltig wirkenden »administrativen Maßnahmen« moderner Diktatoren äußern: Entzug der Kirchensteuer, keine Lehr- oder Arbeitsstellen, wenn man noch an Christus festhält, kein gesellschaftlicher Aufstieg im Beruf, eingeschränkte Druckerlaubnis für christliche Zeitungen, Zeitschriften und Bücher oder gar überhaupt keine Zuteilung von Druckpapier, wie etwa bei Hitler oder Walter Ulbricht und Erich Honecker. Die Methoden können sehr phantasiereich entwickelt werden. Sie reichen unterschwellig oder offen – natürlich unter dem Vorwand von Meinungsfreiheit – bis hinein in unsere modernen Massenmedien. Natürlich fehlt es bei all diesen »feinsinnigen« Verfolgungen nicht an Kollaborateuren[11], die den Verfolgern die Hand reichen, angeblich, weil man Schlimmeres verhindern wolle, und vor allem, weil man doch den christlichen Glauben zeitgemäß gestalten müsse. Diese Trübsal blieb der Gemeinde in Smyrna nicht erspart. Sie wird die Christengemeinde in irgendeiner Form und Gestalt bis zum Ende aller Tage begleiten, bis Christus die dunklen Mächte und Gewalten »unter seine Füße« legt (1. Kor 15, 25)!

Am Martyrium des Polykarp wurde bereits deutlich, daß es nicht allein die heidnisch-römische Staatsgewalt war, die erbarmungslos zugriff, sondern zu der erbittertsten Gegnerin der christlichen Gemeinde gehörte auch die sehr einflußreiche Judenschaft der Stadt. Im Sendschreiben nach Smyrna ist von »Lästerung« derer die Rede, »die da sagen, sie seien Juden und sind's nicht« (V 9). Sogar von des »Satans Schule« oder »Synagoge« ist da die Rede. Die in ihren Synagogen sich versammelnde Judenschaft wird nicht als »Synagoge Gottes«, als eine Versammlung in seinem Namen, anerkannt, sondern als eine gottwidrige Zusammenkunft. Der Ehrentitel »Volk Gottes« gebührt allein der in *Christi* Namen versammelten Gemeinde! Hier wird ein unheimlicher Riß offenbar, der erst in der Wiederkunft Christi geheilt werden kann.

Exkurs: Synagoge und Christengemeinde im Konflikt

Es gilt, diesen Gegensatz im folgenden zu ergründen. Aus der Apostelgeschichte wissen wir, daß Paulus auf seinen Missionsreisen immer zuerst die Synagogen der jeweiligen Stadt besuchte; nicht nur, weil er als gebürtiger Jude dort am leichtesten Unterkunft fand, nicht nur, weil er hier am ehesten »werben« und »abwerben« konnte. Erst wenn die Synagogengemeinde ihn und seine Christuspredigt verworfen hatte, wandte er sich den Heiden, den Unbeschnittenen zu. Immer aber gewann er auch einige aus der Synagoge für Chri-

---

[11] Mithelfern

stus, so daß die entstehenden Christengemeinden anfangs fast immer aus Juden- und Heidenchristen bestanden. Das Problem wird im letzten Kapitel der Apostelgeschichte auf den Punkt gebracht. Nach seiner Ankunft als kaiserlicher Gefangener in Rom konnte er nach drei Tagen zu den Ältesten und Vorstehern der jüdischen Gemeinde Kontakt aufnehmen. Diese wollen von ihm erfahren, was er von jener »Schule« oder »Lehrart« (so das griechische Wort »hairesis«) halte, die zwar bekannt sei, der aber überall widersprochen werde. An einem festgesetzten Tag kann er in seinem Quartier vor den Juden das Reich Gottes bezeugen und darlegen, daß der Gekreuzigte der in Gesetz und Propheten verheißene Messias sei. Einige werden überzeugt, andere widersprechen. Ein scharfes Für und Wider zeichnet sich ab. Paulus verweist auf Jesaja, Kap. 6, daß das Volk Israel mit hörenden Ohren nicht hört und daß es mit sehenden Augen nicht sieht, weil das Herz des Volkes verstockt ist. Deshalb kündigt er den Juden an, daß das Israel verheißene Heil Gottes den Heiden, den Völkern der Welt, gesandt sei und sie es hören werden (Apg 28, 17–29). Damit aber wird die Einzigartigkeit und die alleinige Erwählung Israels radikal in Frage gestellt. Schon dies mußte Ärgernis hervorrufen. Aus dem Ärgernis aber erwächst Feindschaft, die sich bis zum Haß steigern konnte.

Manche Ausleger haben geltend gemacht, jenes Schema der Apostelgeschichte – die Christuspredigt zuerst den Juden, dann den Heiden – sei eine ungeschichtliche Konstruktion. Man verkennt dabei jedoch, daß diese Reihenfolge – erst den Juden, dann den Griechen – sich nicht nur in den Paulusbriefen findet, sondern in der Sache selbst begründet ist. Paulus betont, daß das Evangelium »vornehmlich«, d. h. zuerst, den Juden bestimmt sei und dann auch den Griechen (z. B. Rö 1, 16). Wir müssen uns immer wieder ins Gedächtnis rufen, daß im Synagogengottesdienst und im christlichen Gottesdienst dieselben Schriften (Gesetz und Propheten) ausgelegt werden, daß aber in der Auslegung selbst der Gegensatz aufbricht. Die alttestamentlichen Schriften sind von Verheißungen durchtränkt. Diese Schriften weisen in die Zukunft, weisen auf etwas noch Ausstehendes. Es beginnt mit jener merkwürdigen Ankündigung, daß der Schlange, und d. h. im Gesamt des Textes dem Versucher, dem Satan, der Kopf zertreten, dem Besieger der Schlange aber in die Ferse gestochen wird. Damit ist mehr bezeichnet als die ständige Feindschaft zwischen Schlange und Mensch. Das merk-

würdige Wort ist »unabgeschlossen«. Es bleibt etwas Unabgegoltenes in diesem Wort (1. Mose 3, 15). In der Erwählung Abrahams wird angekündigt, daß durch Abraham und seinen Samen alle Geschlechter auf Erden gesegnet werden sollen (1. Mose 28, 14). Diese wiederum unabgeschlossene Verheißung durchzieht in stets neuer Gestalt die gesamte alttestamentliche Überlieferung. Dem König David wird verkündigt, daß dem Davidssohn ein ewiges Reich gegeben werden wird. »Ich will sein Vater sein, und er soll mein Sohn sein«, heißt's überraschenderweise von diesem kommenden Davidsproß (2. Sam 7, 12–14). Seitdem wartet Israel auf den kommenden Messias, auf den Gesalbten des Herrn. Keiner der Davididen erfüllt diese Erwartungen. Sie alle sind nur »Statthalter« dessen, der da kommen soll.
Aber die Verheißung gestaltet Geschichte. Sie blitzt auf in der Ankündigung des »Immanuel«, des »Gott mit uns« (Jes 7, 14). Sie wird erneut lebendig in der Weissagung des Kindes, auf dessen Schulter die Herrschaft liegt. Sein Name verschmilzt mit dem des »Ewig-Vater« und »Friedefürst« (Jes 9, 5 ff.). Er wird als Knecht Gottes geschaut, als das Lamm, das zur Schlachtbank geführt wird und auf dem die Strafe liegt, auf daß wir Frieden hätten (Jes 53). Angesichts des bevorstehenden Untergangs Jerusalems und des Gerichtes über ein abtrünniges Volk wird ein »neuer Bund« angekündigt (Jer 32, 31ff.), und ein »gerechtes Gewächs« wird aus Davids Stamm entsprossen (Jer 33, 15ff.). In babylonischer Gefangenschaft wird der gute »Hirte« verheißen, »mein Knecht David« (Hes 34, 23; 27, 24). Als sich die babylonische Gefangenschaft ihrem Ende zuneigt, erwacht die Hoffnung von neuem. Der Friedekönig soll arm und auf einem Esel bei seinem Volk Einzug halten (Sach 9, 9), und sie werden Jahwe sehen, den Herrn, »welchen sie zerstochen haben« (Sach 12, 10).
Eine von Hoffnungen und Erwartungen schwangere Geschichte. Alles drängt auf eine Erfüllung hin. Durch das Widerfahrnis der Auferstehung Jesu erkennen die Jünger Jesu, daß der Gekreuzigte der verheißene Messias ist. In ihm sind alle noch unabgegoltenen Verheißungen erfüllt. Was aber noch aussteht, das vollendet sich in der Wiederkunft dieses gekreuzigten und lebendigen Herrn! Doch es ist gerade das Kreuz Jesu, das zum großen Ärgernis wird. Die einen erkennen das Heil gerade darin, daß er sein Kreuz trug. Die anderen sehen gerade darin seine Verwerfung. Ein Gekreuzigter

ist nämlich ein von Gott Verworfener und Verfluchter. Wie kann ein von Gott Verworfener der verheißene Messias sein? Wie kann jemand, den Gott selbst sichtbar verworfen hat, Gottes Sohn und der Retter der Welt sein?
Der Apostel Paulus nimmt diesen schweren, schier unüberwindlichen Anstoß sehr ernst: »Verflucht ist jedermann, der am Kreuz hängt.« Wer wollte das im Ernst bestreiten? Die Schrift selbst bestätigt es (5. Mose 21, 23). Doch dieser Verfluchte lebt! Das haben die Jünger erfahren. Das hat vor Damaskus den jüdisch-pharisäischen Eiferer Paulus aus der Bahn geworfen. Der Fluch des Kreuzes ist zum Heil der Welt geworden. Er »hat uns erlöst vom Fluch des Gesetzes, da er ward ein Fluch für uns« (Gal 3, 13). Das Heil liegt in Seiner Stellvertretung. »Die Strafe liegt auf ihm, auf daß wir Frieden hätten!« (Jes 53, 5). Er wird in die glühende Esse des Gerichtes Gottes hineingetan, damit uns das Gericht, die Hölle, der Tod und die ewige Verzweiflung nicht verzehre. In diesem »für uns« liegt alles für die Welt beschlossen: Vergebung, Annahme an Kindes Statt, Freiheit von der Anklage des Gesetzes, Freiheit von Angst und Gewissensqualen und deshalb auch die Zusage ewigen Lebens, die Vollendung einer verlorenen Welt in der Neuschöpfung, in der Auferstehung dieses Christus.
Deshalb geschieht etwas Ungeheures, als große Teile Israels den Gekreuzigten verwerfen. Sie verwerfen sich selbst! Sie verneinen die eigene Erwählung und Berufung. Der Fluch über dieser in Sünde verlorenen Welt bleibt als Verhängnis drohend über ihnen hängen, weil sie, in ihren Herzen verstockt, nicht dorthin fliehen, wo stellvertretend für sie und alle Heiden oder Völker der Fluch getragen, überwunden und aufgehoben wurde. Damit aber wird die Synagoge als Repräsentantin des Volkes Gottes in ihrem Wesen tiefgreifend verändert. Ihr Verhältnis zu den Glaubenden aus der Heiden- oder Völkerwelt wird grundsätzlich anders.
Paulus gebraucht dafür das Bild vom Ölbaum, aus dem die »natürlichen« Zweige ausgebrochen werden durch die Verwerfung Jesu als des Christus. Aber die aus der Heidenwelt, die Glaubenden, werden dem uralten Stamm des erwählten Ölbaums eingepfropft (Rö 11). Durch dieses Eingepfropftwordensein werden Abraham, Isaak, Jakob, David und die Propheten unsere Väter im Glauben! Die ihnen gegebenen Verheißungen sind unser Erbteil geworden. Wir sind mit ihnen Abrahams Same und Glieder des Volkes Gottes. Zwischen altem

und neuem Bund besteht einerseits eine klare Kontinuität: Jene Väter glaubten an den kommenden Messias; wir bekennen uns zu Christus als dem gekommenen Christus. Der Unterschied zwischen Sinaibund und dem Bund von Golgatha, zwischen Gesetz und Evangelium, ist fundamental, und doch sind beide Bundesschlüsse durch die Verheißungen verbunden. Der alte Ölbaum wird zu unserem Stamm. Nicht die leibliche Abrahamskindschaft ist entscheidend, sondern die geistliche Einheit im Glauben an die Verheißungen.

Werden aber Zweige um ihres Unglaubens willen aus dem alten Stamm gebrochen, so bedeutet dies, daß sie – getrennt vom Stamm – sich selbst aus den Verheißungen ausschließend – dem Gericht und der Herrschaft von Gesetz, Sünde und Tod überantwortet sind. Die Teile Israels, die Christus ablehnen, sind nicht mehr »Versammlung Gottes«, sondern – wie es hier im Sendschreiben nach Smyrna heißt – sie werden zur »Synagoge des Satans«, weil sie ausgebrochen sind aus dem Stamm. »Lo Ammi« (hebräisch) sind sie, d. h. »nicht mein Volk« (Hosea 1, 9), dem Satan, dem Verkläger, dem Widersacher Gottes verfallen.

Deshalb hebt das Sendschreiben nach Smyrna (V 9) hervor, daß die Christusleugner und Christuslästerer eben nicht mehr Juden seien. Sie sind es nur noch dem Fleische nach, aber nicht mehr im Geist und in der Wahrheit! Sie nehmen noch den Namen in Anspruch, haben ihn jedoch längst verwirkt. Aber eben dies schließt haßerfüllte Judenfeindschaft grundsätzlich aus; da auch wir, die wir im Glauben an Christus in den Stamm des alten Ölbaumes eingepflanzt wurden, unsererseits auch wieder herausgebrochen und weggeworfen werden können. Ebenso könnte das ungläubige Judentum wieder eingepfropft werden – durch den Glauben (Rö 11, 23).

Das harte Urteil von der »Synagoge des Satans« ist also kein rassistisch, kein nationalistisch und kein pharisäisch begründetes ungerechtes Urteil. Vielmehr handelt es sich um ein sachlich-theologisches Urteil. Es ist der Gekreuzigte, der Verfluchte, der Christen und Juden voneinander trennt. An ihm, dem Geschändeten, an ihm, dem Verfluchten, an ihm, dem Lamm Gottes und Lastenträger der Welt, scheiden sich die Geister. Unsere Vernunft nimmt Anstoß an der Ohnmacht Christi und kann nicht einsehen, daß sich Segen unter Fluch, Vergebung unter Gericht und Leben unter Tod verbirgt. Unsere vernünftig begründete Menschengerechtigkeit bäumt sich dagegen auf und empört sich, daß sie vor Gott nichts sein soll.

Wer will schon von einer ihm zugerechneten Gerechtigkeit eines anderen, eines Stellvertreters, leben? Hier geht es um das Ganze der Christusbotschaft! Dieser gekreuzigte Christus wird den Juden ein Ärgernis (= Skandal) und den Griechen, den Vernunftstolzen, zur Torheit, zur lächerlichen Unvernunft.

Nur von hier aus darf und kann das harte, uns heute nach der Ermordung von Millionen Juden erschreckende Urteil von der »Synagoge des Satans« zu verstehen versucht werden. Ein Urgegensatz bricht hier auf, der Urgegensatz zwischen Glaubens- und Gesetzesgerechtigkeit. Hieran entzündet sich auch die Feindschaft der Synagoge gegen die werdende Kirche. Nicht nur in Smyrna entstehen daraus Trübsal und Leid für die christliche Gemeinde, sondern überall im römischen Reich wurden die Synagogen zu den »fontes persecutorum«, zu den »Brunnenstuben der Verfolgungen«, wie uns Tertullian berichtet,[12] ist es doch Christus, an dem es sich zeigt, wo das rechte Gottesvolk zu finden ist. Aus der Christuserkenntnis erwächst den Christen die Überzeugung, das wahre Israel zu sein, die Kinder der Verheißung, die aus dem Geist geboren sind (Gal 4, 28ff.) und nicht das »Israel nach dem Fleisch« (1. Kor 10, 18)! Das Israel nach dem Fleisch, auch Israel als politische Größe, wird durch die Verwerfung Jesu, durch die Verwerfung des Erfüllers aller Verheißungen, zu einem Volk fast wie alle anderen auch.

Aber auch die Christengemeinde kann zur »Synagoge des Satans« werden, wenn in ihr nicht mehr Christus als »unsere Gerechtigkeit«, als das Lamm Gottes verkündigt wird, sondern die Gesetzesgerechtigkeit in verschiedensten Formen wiedererrichtet wird. Christus als Vorbild, als Leitfigur für Mitmenschlichkeit ist nicht mehr der Christus, dessen stellvertretendes Leiden uns zugute kommt. Christus zur Leitfigur machen heißt, die Menschen wieder dem Gesetz überantworten, ihren Anstrengungen, ihrem Einsatz, ihrer Selbstfindung. Eine solche Kirche wird »Synagoge des Satans«. Dieses harte Urteil zeugt nicht von Überheblichkeit und christlicher Intoleranz, sondern dies harte Urteil wird zur ernsten, dringenden, besorgten Mahnung an Juden und Christen, an die Juden, umzukehren zu dem verworfenen Jesus Christus, der der Erfüller aller ihrer Verheißungen ist, und an die Christen, ihren Herrn nicht

---

[12] Siehe A. von Harnack: Die Mission und Austreibung des Christentums in den ersten drei Jahrhunderten, Leipzig 1924, S. 5; 259 ff.

durch neue Gesetzesgerechtigkeiten zu verleugnen. »Es ist zu besorgen«, schreibt Joh. Albrecht Bengel, »daß in dieser elenden Zeit die meisten sogenannten Christen, auch in der evangelischen Kirche, einen falschen Haufen ausmachen; doch soll dies die, die dem Herrn Jesus in der Wahrheit angehören, nicht kleinmütig machen.«[13]

Vergegenwärtigt man sich diesen Kernpunkt in der Auseinandersetzung zwischen Synagoge und Kirche, so wird deutlich, daß diese »Scheidung« nichts mit modernem, weltweitem Antisemitismus zu tun hat, auf dessen Konto Millionen ermordete Juden gehen. Der Antisemitismus entspringt einem vor- und unbiblischen Biologismus, einer Verehrung von Blut und Boden. Im Antisemitismus und Rassismus erheben uralte heidnische Fruchtbarkeitsreligionen wieder ihr Haupt, die Vergötterung von Geschlecht und Leib, von Acker und Boden, von Volk, Nation und Blutsverwandtschaft. Dagegen liefen die alttestamentlichen Propheten Sturm und kämpften gegen Baal und Aschera. Diese alten heidnischen Gewalten werden immer dann ihr Haupt von neuem erheben, wenn dem Gott Abrahams, Isaaks und Jakobs, dem Vater Jesu Christi der Abschied gegeben wird oder wenn man meint, man müsse den biblischen Gottesglauben durch völkisch-artgemäße oder soziologisch-klassengemäße Elemente »ergänzen« oder »bereichern«.

Der biblische Gott, der Vater Jesu Christi, ist aber weder für Juden noch für Heiden artgemäß, noch raunt er im Rauschen des Blutes, noch marschiert er an der Front der Revolution. Der biblische Gott ist jenseits von Volk, Art, Rasse oder Klasse. »Er erbarmt sich, welches er will, und Er verstockt, welchen er will« (Rö 9, 18). Antisemitismus, Rassismus und Klassenkampf verraten sich als »Verstockung« und »Verblendung«. Verworfen wird nicht der Jude, verworfen wird in diesen furchtbaren Ideologien der Vater Jesu Christi! Ebensowenig oder vielleicht noch weniger als das jüdische kann deshalb ein christliches Volk jemals wieder zum Heidentum zurückkehren. Wird es unchristlich, so wird es damit auch schon antichristlich, also gleichfalls »Synagoge des Satans«.[14] *Das ist der unheimliche, weil satanische Hintergrund der Judenvernichtung, aber auch des Abfalls von der Christusbotschaft, der seit etwa 200*

---

[13] Bengel, S. 47.
[14] E. Reisner, S. 37.

Jahren Europa und insbesondere Deutschland, das »Land der Reformation« (wie man manchmal allzu selbstsicher betont) heimsucht.

Im Licht des Sendbriefes nach Smyrna wird zugleich deutlich, daß wahre und falsche Kirche, Synagoge des Satans und Volk Gottes, Christus und Antichristus schier ununterscheidbar ineinander verschlungen sind. Wie zwei Ringer sind sie ineinander verkrallt. Es bedarf der Gabe der »Unterscheidung der Geister« (1. Kor 12, 10). Eines der Kennzeichen der Kirche ist darum – um mit Martin Luther zu reden – das »liebe Kreuz«, das ihr auferlegt ist. Trübsal, Leiden, Lästerungen sind mit dem »Kirche-Sein« der Gemeinde gesetzt. In all diesen Anfechtungen und Bedrängnissen ist der Widersacher Gottes am Werk. In der *Gemeinde* kämpft er seinen Kampf gegen Christus. Die Welt gehört ihm schon ohnehin. Aber da, wo Christus verkündigt und bekannt wird, da bäumt er sich bis zum Ende aller Zeiten gegen Christus auf, der die Pforten seines Reiches aufgebrochen hat. Gefängnis und neue Versuchungen werden den Christen in Smyrna angekündigt.

Daß die Trübsal »zehn Tage« dauere, darf nicht im wörtlichzeitlichen Sinne als kurze Zeit verstanden werden (gegen Bengel). Die Zehn hat in der biblischen Überlieferung eine besondere Bedeutung. Den zehn Tagen Trübsal, die den Smyrnaern angekündigt werden, entsprechen die zehn Hörner des vierten Tieres im Danielbuch. Entscheidend aber ist, daß diese zehn Hörner als Symbole der Macht zwar »wider die Heiligen des Höchsten« streiten und siegen. Aber ihr Sieg wird zunichte, als »der Alte kam und Gericht hielt für die Heiligen des Höchsten« (Dan 7, 20–22). Die zehn Hörner als Symbole weltlicher Macht, irdischer Tyrannei, können zehn Tage, d. h. solange irdische Herrschaft währt, Gewalt ausüben und die Gemeinde bedrängen. Aber das Gericht liegt in der Hand des »Alten«; in der Hand der göttlichen Majestät. Nicht die zehn Hörner, nicht Reiche und Gewalten, nicht Herrscher und Diktatoren, sprechen das letzte Wort in der Geschichte, sondern das wird Er sein. Aber in diesen zehn Tagen der Trübsal wird aller Verfolgung und allen Gefängnissen zum Trotz die Gemeinde bewahrt bleiben. Zehn ägyptische Plagen hat Israel einst unter der Hand des sie bewahrenden Gottes durchstanden. In der zehnten Plage, als Gott alle Erstgeburt in Ägypten schlägt, leben sie unter dem Schutz des Opferblutes an ihren Türbalken. Das Blut ist das Zeichen der Treue Gottes, Symbol seiner Zusage: »Ich bin dein Gott!« Wieviel mehr ist das Opferblut Christi Siegel und Unterschrift unter die Treue Gottes, die er uns in unserer Taufe zugeschworen hat. Die irdische Zeit der Verfolgung wird durchstanden und überwunden unter der Treue Gottes, der in allen Drangsalen und durch alle Prüfungen hindurch sein Volk bewahrt. Der Treue Gottes antwortet unsere Treue! Deshalb ergeht angesichts aller Bedrängnisse die Mahnung: »Sei getreu bis an den Tod, so will ich dir die Krone des Lebens geben.« Bis »an« den Tod, heißt es; nicht bis in den Tod; denn im Tode werden wir »bei dem Herrn sein allezeit« (1. Thess 4, 17). Die bewährte Treue, der durchgehaltene Glaube ist allen Bedrängnissen entronnen und gekrönt mit dem Kranz oder der Krone.

Das Bild ist antiken Wettkämpfen entlehnt. Der Sieger wurde mit dem Loorbeer bekränzt, dem Symbol des Sieges. Im Athleten kam göttliche Kraft und göttliche Ekstase zum Ausdruck. Der Athlet galt als einer, der sich den Göttern genähert, dessen Ruhm ihn der Unsterblichkeit nahebrachte. Ebenso wurde auch der römische Imperator bei seinem Triumphzug gekrönt, mit Unsterblichkeit und Göttlichkeit umkleidet. Der Kranz galt ja als ein Abbild des Feuerglanzes, des Strahlenglanzes, den die überweltliche Gottheit umstrahlt. Man vergleiche damit auch die »kabod Jahwe«, den »Lichtglanz«, der Gott, den Herrn, umgibt. Alles dieses schwingt hier beim »Kranz des ewigen Lebens« mit. Nur ist es nicht der Christ, der gleichsam als Athlet göttliche Ehren und Unsterblichkeit erringt. Der Sieger mit der Dornenkrone ist der eigentliche Athlet und Überwinder. Der Christ wird von Christus unverdient und umsonst mit der Krone ewigen Lebens beschenkt. Er lebt aus der Treue, die Christus uns bis an den Tod am Kreuz bewiesen hat. Seine, des Christen, Treue ist Widerschein und Abglanz der Treue Christi! Das ewige Leben ist nie ein von uns verdienter Lohn oder eine Selbstverständlichkeit, die uns aufgrund unseres Menschseins zustünde, selige Unsterblichkeit als Ausdruck unserer Göttlichkeit.

Dies alles liegt der christlichen Botschaft fern. Nicht der Mensch »verherrlicht« sich, sondern *Gott* erwählt uns zum Leben. Christus verherrlicht uns. Daß das auch anders sein könnte, macht die Wendung deutlich, dem Überwinder werde *kein Leid geschehen von dem zweiten Tod* (V 11). Das Dasein des Menschen ist also nicht nur vom leiblichen Tod, sondern noch von einem anderen Tod, vom ewigen Tod, von der ewigen Verzweiflung, bedroht. Der im Unglauben gegenüber Gott verschlossene Mensch verfehlt seine Bestimmung. Sein Lebensentwurf mündet ein in Sinnlosigkeit. Nicht, daß im Tod der Mensch aufhörte zu sein; es gibt kein endgültiges Verlöschen, weil ich, einmal von Gott gedacht und berufen, nie mehr aus seinem Gedächtnis auslösche. Ich bleibe immer vor ihm, auch im Tode. Wäre mein Tod identisch mit meinem Verlöschen, dann gäbe es einen Bereich, in dem Gott nicht Gott wäre, den Tod. Nun aber ist Gott auch der Herr über den Tod und hat dies in der Auferweckung Jesu von den Toten demonstriert. Er hat sich als ein Gott auch der Toten erwiesen, vor dem wir alle leben, sei es zum Heil und zum Segen, sei es in Sinnlosigkeit und in nicht mehr korrigierbarer Endgültigkeit. Diese Sinnlosigkeit, die sich endgültig verfehlt hat, ist der »zweite Tod«, ist die Verzweiflung an sich selbst und an einem verfehlten Sein. Dies ist der »feurige Pfuhl«, die endgültige Hölle, von der Offb 20 in Andeutungen redet (Kap 20, 14–15).
Wiederum wird dies hier im Sendschreiben nach Smyrna nicht triumphierend und im Gefühl sicherer, pharisäischer Überlegenheit vorgetragen, sondern als besorgte Warnung, damit wir nicht dieser endgültigen Sinnlosigkeit anheimfallen. Treue um Treue! Darum wieder das »Wer Ohren hat zu hören, der höre ...!«

Pergamon
(Offb 2, 12–17)

¹² Und dem Engel der Gemeinde in Pergamon schreibe: Das sagt, der da hat das scharfe, zweischneidige Schwert:
¹³ Ich weiß, wo du wohnst: da, wo der Thron des Satans ist; und du hältst an meinem Namen fest und hast den Glauben an mich nicht verleugnet, auch nicht in den Tagen, als Antipas, mein treuer Zeuge, bei euch getötet wurde, da, wo der Satan wohnt.
¹⁴ Aber einiges habe ich gegen dich: du hast Leute dort, die sich an die Lehre Bileams halten, der den Balak lehrte, die Israeliten zu verführen, vom Götzenopfer zu essen und Hurerei zu treiben.
¹⁵ So hast du auch Leute, die sich in gleicher Weise an die Lehre der Nikolaiten halten.
¹⁶ Tue Buße; wenn aber nicht, so werde ich bald über dich kommen und gegen sie streiten mit dem Schwert meines Mundes.
¹⁷ Wer Ohren hat, der höre, was der Geist den Gemeinden sagt! Wer überwindet, dem will ich geben von dem verborgenen Manna und will ihm geben einen weißen Stein; und auf dem Stein ist ein neuer Name geschrieben, den niemand kennt als der, der ihn empfängt.

Einst war Pergamon Hauptstadt und Mittelpunkt des Reiches der Attaliden. Sie gehörten zu den Erben des nach Alexander des Großen Tod verfallenen hellenischen Weltreiches. Insbesondere war es König Eumenes II., der der Stadt Pergamon Größe und Glanz verlieh, bis dann Attalos III. das pergamenische Reich 133 vor Christus den Römern testamentarisch vermachte. Sie gliederten Stadt und Reich der römischen Provinz Asia ein. Pergamon war vor allem durch seine Bibliothek und durch seine Tempel im Altertum weitberühmt. Auf dem etwa 310 m hohen Burgberg der Oberstadt erhoben sich Paläste und Kasernen; vor allem aber ein Tempel der Pallas

Offb 2, 12–17 — Pergamon

Athene, jener Göttin, die Athen ihren Namen gab. Sie sei in voller Rüstung und mit in der Sonne blitzenden Waffen dem Haupt ihres Vaters Zeus entsprungen. Mit einem Schrei des Triumphes habe die Göttin die Erde betreten, so daß der Olymp davon erzitterte und die Erde dröhnte. In unmittelbarer Nähe des Heiligtums der Athena aber erhob sich auf dem Burgberg der sogenannte Zeusaltar, der als eines der sieben Weltwunder der Antike galt. Aus weißem Marmor errichtet, mit mächtigen, breiten Tempelstufen und schlanken, ebenmäßigen Säulenreihen, war er weithin sichtbar. Man muß mit wachen Augen und Sinnen vor den Resten dieses einstigen Weltwunders im Pergamon-Museum in Berlin verweilt haben, um den machtvoll-imponierenden Eindruck dieses Bauwerkes hoch oben über einer volkreichen und lebendigen Stadt auch von ferne nur wenigstens zu erahnen. Hier war gleichsam die ganze Kraft und Herrlichkeit der antiken Götter- und Geisterwelt versammelt. Den Pergamonaltar zierten u. a. ein mehr als zwei Meter hoher Fries, den Kampf der olympischen Götter mit den Giganten darstellend.

Die Giganten waren aus den Blutstropfen des verstümmelten Zeugungsgliedes des Uranos und aus der Gaia, der Mutter Erde, entsprossen. Sie wurden als wilde Halbmenschen dargestellt, Felsen und Baumstämme schleudernd, oder als Riesen gestaltet, deren Leiber in Drachen- oder Schlangenleiber übergingen. Die ganze ungebändigte Naturkraft und alle Leidenschaften werden in diesen Giganten begriffen. Die Götter können sie nur mit Hilfe von zwei sterblichen, von irdischen Müttern geborenen Heroen besiegen, mit Dionysos und Herkules. In Berlin umgeben den Betrachter die Trümmer jenes Frieses. Aber noch in ihren Bruchstücken erzählt der Marmor von der Idee, die einst in diesem Fries zum Ausdruck kommen sollte. Auf dem Fries ist diese Gigantomachie, diese Gigantenschlacht, in steinernen Figuren erstarrt; denn nie endet dieser Kampf. Immer wieder ringen die Leidenschaften und die dumpfen Triebe mit Göttern und Heroen, und immer wieder unterwerfen die hohen Götter das Unmenschliche. Die Götter aber sind in herrlichen, kraftvollen, schönen und harmonischen Menschenleibern dargestellt. Im Menschen stellt sich das Göttliche dar, und der Menschenleib in seiner edlen Gestaltung offenbart das Göttliche. Der Mensch kann nur göttergleich sein im stetigen Kampf, im Trotz gegenüber der Gigantenmacht und gegenüber dem Gesetz des Schicksals. Man kann angesichts der gewaltigen Trümmer, die uns in Berlin präsentiert wer-

den, begreifen, warum dieser Altar als eines der sieben Weltwunder galt. Das ganze Lebensgefühl einer vorchristlichen, von »Weltängsten und Götterzorn« (so Gerhard Nebel) geformten Welt findet hier seinen meisterhaften Ausdruck.

Die Christengemeinde von Pergamon wird daran erinnert: »Du wohnst, da des Satans Thron ist« (V 13). Manche Forscher vermuten, der großartige Zeusaltar in Pergamon sei der erwähnte »Thron des Satans«[1]. Doch neben dem Athene- und dem Zeus-Heiligtum gab es in Pergamon auch noch ein Heiligtum des Asklepios, des Gottes der Heilkunst. Deshalb studierte auch Galenos, der berühmte Arzt des Altertums (geb. 129 n. Chr.), am Asklepios-Heiligtum. Man kann noch heute das Bad dieses »Heiligtums« benutzen. Symbol des Asklepios ist der Schlangenstab. Die Schlange verkörpert sowohl das Dämonische als auch die heilenden Kräfte der Natur. Nicht zuletzt aber war es der *Kaiserkult*, der das religiöse Leben dieser glanzvollen Stadt entscheidend mitprägte. Wurde zunächst nur der Genius des Kaisers verehrt, d. h. der von ihm ausgehende Lebensimpuls, gleichsam sein »anderes Ich«, so wird schließlich sehr direkt und grobschlächtig der Kaiser selbst vergöttert.

Mag es auch offen bleiben, ob mit dem genannten »Thron des Satans« dieses Sendschreiben wirklich den berühmten Zeusaltar meinte, so kann man doch wohl mit Fug und Recht diese Fülle von Tempeln, Heiligtümern, Göttern und Giganten als den »Satans-Thron« ansehen. Es wäre freilich falsch, wollte man in dieser Bezeichnung nur eine Verteufelung jener großartigen und genialen Schöpfungen sehen. Für den Besucher im damaligen Pergamon waren diese Tempel und Götterstatuen nicht in erster Linie Kunstwerke, mit dem das angebliche »Banausentum« christlicher Sklaven, Handwerker und Gewürzkrämer nichts anzufangen wußte. Von diesen Tempeln, von all den Göttern und Giganten ging damals für den Betrachter eine magische, eine bezwingende Kraft aus. Sie erlebten die Größe und Herrlichkeit, die Macht und die Hoheit ihrer Götter.[2]

---

[1] So A. Deißmann: Licht von Osten.
[2] Vgl. Hanns Lilje, S. 95.

Erst wenn man sich dies vergegenwärtigt, ahnt man, welch ein Mut und welche Tapferkeit dazu gehörte, angesichts dieser überwältigenden Götterwelt zu bekennen: »Einer ist Gott!« Die anderen sind zu Dämonen gewordenes menschliches Selbstbewußtsein, das sich in Zeus und Athene vergöttert oder in Asklepios die Naturkräfte verherrlicht. Welch eine Verwegenheit, angesichts der Schönheit marmorner Menschenleiber, sich zu dem geschändeten Jesus von Nazareth zu bekennen! Gott manifestiert sich nicht auf der Höhe des Menschentums. Gott wohnt in der Tiefe. Seine Hoheit liegt auf dem blutigen Antlitz Jesu von Nazareth, und seine Wahrheit liegt auf dem von Geißelhieben zerfleischten Rücken dieses Mannes, der das Kreuz, das Schandholz, zu seiner Richtstätte schleppen mußte.

Hier wird der ganze Gegensatz der christlichen Botschaft zu jener vorchristlich-heidnischen Welt deutlich. Der Gigantenkampf auf jenem Fries des Pergamonaltars fordert auf zum immerwährenden Kampf mit gigantischen Leidenschaften und abgründigen Bosheiten und einem immerwährenden Scheitern. Von Erlösung, von Befreiung in dem Vertrauen zu *dem* Gott, der in der Tiefe uns nahe ist und uns sein »Fürchte dich nicht!« zuruft, kann in dieser heidnischen Weltsicht keine Rede sein.

So ist es alles andere als »Banausentum« oder kleinbürgerliche »Beschränktheit«, in diesem Zeusaltar, in dieser ganzen Tempelwelt des »Satans Thron« und Wohnsitz zu begreifen. Das Satanische lebt geradezu von der Ursünde des Menschen, selbst wie Gott sein zu wollen (1. Mose 3). Dieses Beginnen – Kierkegaard umschreibt es als ein »verzweifelt man selbst sein zu wollen« oder »verzweifelt nicht man selbst sein zu wollen« –, dieses Beginnen hat in den Abgründen des Bösen seinen Ursprung und nimmt Gestalt an in Göttern. Diese ganze Götter- und Menschenwelt ist durchdrungen von der Sucht, selber Gott zu sein, das »Göttliche« mit Gewalt oder List oder Beschwörung oder im Ritus an sich zu reißen. Dieser Weg führt nicht in die Freiheit, sondern nur noch tiefer in dämonische Gebundenheiten.

Vielleicht darf man Hölderlins Dichtung als den letzten genialen Versuch ansehen, die Götter Griechenlands mit dem Gekreuzigten zu versöhnen. Hölderlin ist an der Unmöglichkeit dieses Versuches gescheitert. Der Dichter wird Opfer des Dämoni-

schen, ein erschütterndes Beispiel für die Unvereinbarkeit beider Welten.
Das Sendschreiben nach Pergamon trägt dem Rechnung, indem es Christus vorstellt als den Herrn, »der das scharfe zweischneidige Schwert« hat. Schon in der Berufungsvision, die dem Seher auf Patmos widerfährt, erscheint Christus als der Weltenrichter, aus dessen Mund »ein scharfes zweischneidiges Schwert« ausgeht (Offb 1, 16 und 19, 15). Nicht jene furchtbare Moira, dieses kalte, gefühllose Schicksal, ist die Herrin von Welt und Geschichte. Dem Schicksalsglauben ist Christus feind. Er hat nicht der Moira, dem Schicksal, getrotzt, sondern er trug die Sünde der Welt und hat zur Begleichung dieser ungeheuren Welt- und Menschheitsschuld sein Leben auf die Waagschale der Geschichte geworfen. Ja, in ihm, in Christus hat Gott das ganze Gewicht seiner Gottheit zum Pfand gesetzt. Gott in Schande und Tod überwindet die Welt; setzt die Moira, setzt das Schicksal, außer Kraft, weil er durch Sünde, Schuld, Hölle und Tod hindurch sich unser erbarmt. Angesichts dieses Gottes mit dem »Haupt voll Blut und Wunden« verblassen Zeus und Athene. Giganten werden zu erlösungsbedürftigen gefangenen Seelen. Asklepios wird zur Naturkraft, die aus der Hand des Schöpfers kommt und zur Heilung kranker Leiber eingebracht wird. Seiner Vergöttlichung bedarf es gar nicht – allen neumodischen Adepten, allen esoterischen Naturanbetern und Geistersehern zum Trotz. Nur der gerichtete Christus, der der Welt Sünde gesühnt hat, nur *er kann,* und nur *er darf* die Welt richten; und es wird ein gerechtes Gericht sein, weil aus dem Erbarmen des Erlösers geboren. So erscheint er am Horizont der Geschichte mit dem zweischneidigen Schwert.
Das zweischneidige Langschwert ist zunächst das Zeichen staatlicher Macht, denn die staatliche Gewalt »trägt das Schwert nicht umsonst« (Rö 13, 4). Erinnert sei an das »Reichsschwert«, das dem Kaiser oder König bei seiner Krönung in die Hand gelegt wurde. Oft wurde es in feierlicher Prozession vor dem Herrscher hergetragen; denn die vornehmste Aufgabe des Inhabers staatlicher Gewalt bestand im Schutz und in der Wahrung des Rechtes. Er hat des Rechtes zu walten (daher unser Wort »Gewalt«), damit das Böse das Recht nicht »vergewaltige«.

Indem in dem Sendschreiben nach Pergamon sich Christus als der vorstellt, dem das zweischneidige Schwert anvertraut ist, nimmt er Amt, Würde und Aufgabe des endzeitlichen Herrschers und Richters in Anspruch. Zeitkritisch wird damit signalisiert, daß nicht der »vergöttlichte Caesar« Welterlöser und Weltherrscher ist, sondern daß Recht, Wahrheit und Würde des Herrschers bei dem Gekreuzigten liegen. Ihm gebührt Hoheit und Anbetung. Diese Sicht hat jedoch nicht nur für die Zeit der römischen Weltherrschaft Bedeutung. Sie relativiert damit überhaupt alle staatliche Macht damals und heute. Das Kreuz in Schulen und Gerichtssälen will daran erinnern. Staat und Gesellschaft können und dürfen nie letzte sinngebende Ordnung sein, können nie das gesamte Leben erfüllen. Nie dürfen sie erlösende Macht beanspruchen. Staat und Gesellschaft werden sonst »totalitär«, weil sie das »Totum«, das Ganze menschlichen Lebens, beanspruchen.

Es ist deshalb »typisch«, daß moderne totalitäre Staaten und Ideologien nicht nur Seele und Gewissen der Menschen beanspruchen, sondern Hand in Hand damit den christlichen Glauben bekämpfen und einzudämmen versuchen. Man gibt zwar vor, man wende sich »nur« gegen klerikale Bevormundung – die mag es zwar auch geben –, in Wahrheit aber wird dem Christus seine Herrschaft streitig gemacht. Solange auch nur *ein* Gewissen diesem Herrn gehört, ist der Staat noch nicht ganz totalitär. Da ist noch ein Rest, der noch nicht in das Ganze von Staat, Partei oder Gesellschaft aufgelöst ist. Dieser Rest wird als störend empfunden, dem widersprochen werden muß. Das Bekenntnis »Christus ist der Herr« ist deshalb immer die Bestreitung jeder Diesseitigkeit und jeden Heilsanspruches, sei es nun wissenschaftlich (es gibt ja auch den Heilsanspruch von Wissenschaft) oder staatlich-politisch begründet.

Das Bekenntnis zu Christus als dem Herrn schließt jedoch keine schwärmerische Absage an jede staatliche Macht und Ordnung ein. Solange die Erde steht, solange irdische Menschengeschichte währen wird, muß es auch staatliche Gewalt geben, damit das Böse nicht überhand nimmt, damit nicht Dämme brechen und das Chaos alles verschlingt. Aber angesichts der Herrschaft Christi und angesichts Seiner Ewigkeit gebührt dem Staat bestenfalls eine Stellvertreterrolle. Kaiser und Könige, Prä-

sidenten oder Kanzler, Minister oder Parlamentarier sind nur vorläufig (= vor-laufend) berufen, Macht auszuüben und des Rechtes zu walten, bis daß er kommt, zu richten die Lebenden und die Toten. Das Bewußtsein dieser Vorläufigkeit und das Wissen, daß wir in einem letzten Gericht Antwort geben müssen, uns also zu ver-antworten haben, ist die beste »Sicherung« gegen den Mißbrauch von Macht und Gewalt. Keine Verfassung kann das garantieren. Verfassungen bedürfen der Bindung der Gewissen an Gott. Der Hinweis auf die Verantwortung vor Gott in der Präambel einer Verfassung ist mehr als ein Stück Tradition. Es ist die stets notwendige Erinnerung an jene »letzte Instanz«, vor der wir alle dereinst Rechenschaft ablegen müssen. Die Forderung, Gott aus der Verfassung zu streichen, ist der verräterische Hinweis, daß das totalitär Böse schon auf dem Sprung und der Rechtsfriede gefährdet ist.
Zugleich muß aber auch streng darauf geachtet werden, daß das Reich und die Herrschaft Christi von anderer Art und anderem Wesen ist als alle Reiche dieser Welt. Das Schwert, das Christus trägt, geht von seinem Munde aus (Offb 1, 16; 19, 15. 21). Aus dem Munde aber gehen nicht nur unser Odem, sondern im und mit dem Odem auch Worte. Alle unsere Worte sind mund-gehaucht. Das Schwert aus Christi Mund ist das *Wort*, das er spricht. Jedes seiner Worte ist jedoch nicht nur »mund-gehaucht«, sondern im Wort spricht zugleich Sein *Geist*, so wie unsere menschlichen Worte unseren Geist enthüllen. Deshalb wird das Wort Gottes, das Wort Christi auch das »Schwert des Geistes« genannt (Eph 5, 17). Das Schwert aus Christi Mund ist das Schwert des heiligen Geistes, ist das Schwert seines Wortes. Das unterscheidet jedes irdische Reich und jede weltliche Herrschaft grundsätzlich von Christi Reich und *Seiner* Herrschaft. Dort »regieren« Waffen, Polizei- und Gerichtsgewalt. Dort regeln Gesetze das irdische Zusammenleben in Haus und Schule, in Betrieb und Wirtschaft. Diese Gesetze können und müssen manchmal mit Gewalt durchgesetzt werden. Ihre Beachtung muß immer wieder erzwungen werden.
Hier im Reich Christi regiert allein das Wort, Sein Zuruf, die Proklamation Seiner Wahrheit. Vor seinem irdischen Richter, vor Pontius Pilatus, bekennt sich deshalb Christus zu seinem

Königtum. Aber es ist ein Reich »nicht von dieser Welt«! Sein Königtum besteht in Seinem Zeugnis und Blutzeugnis für die Wahrheit Gottes (Joh 18, 36–37). Deshalb ist Sein Wort nicht leerer Schall, ist kein Wortgeklingel. Wenn wir schon mit unseren Worten Vertrauen stiften oder Mißtrauen schüren, Geborgenheit schenken oder Angst wecken können, wenn also unsere vorläufigen Worte nicht leer sind, wieviel mehr hat *Sein* Wort die *Wahrheit* in sich und geistliche Gewalt über unseren »inwendigen« Menschen. Sein Wort ist das »Wort, das im Anfang« (Joh 1, 1) war; das ewige »Es werde«, das Sonnen und Planeten schuf, das die Himmel bewegt und das Meer, dieses Symbol des Chaos, bändigt. Und er ist dieses Wort! Es ist Fleisch geworden (Joh 1, 24), und es spricht zu uns in menschlichen Worten, Worte, die zugleich Geist sind und Leben (Joh 6, 63). Es sind Worte ewigen Lebens (Joh 6, 68). Deshalb lebt der Mensch auch nicht vom Brot allein, nicht nur vom Irdischen und Zuhandenen, »sondern von einem jeden Wort, das durch den Mund Gottes geht« (Matth 4, 4)! Und Gottes Mund, das ist Christi Mund. Er, Christus, trägt alle Dinge mit seinem kräftigen Wort (Hebr 1, 3). Mit dem »Geist seines Mundes«, d. h. mit dem *Wort* als dem endzeitlichen Richtschwert, wird er den »Anti-Christus« überwinden und töten (2. Thess 2, 8), so wie es einst im Jesajabuch von dem Sproß aus Jesses Stamm angekündigt wurde: Er »wird mit dem Stabe seines Mundes die Erde schlagen und mit dem Odem seiner Lippen den Gottlosen töten« (Jes 11, 1. 4)!

Zunächst freilich scheint die Vollmacht, die hier dem Wort Christi zugemessen wird, nicht mit unserer geschichtlichen Wirklichkeit übereinzustimmen. Dem Wort Gottes wird allenthalben widersprochen. Das Wort findet nicht nur Freunde, es weckt auch Feindschaft. Das Wort scheint so ohnmächtig zu sein, daß man es verlachen und verspotten kann. Man kann es kritisieren und als blanke Unvernunft abtun. Dem Wort geht es nicht anders als dem Herrn selbst. War der Herr ein verachteter Knecht, so wohnt das Wort in Knechtsgestalt auch unter uns. Wurde er von Menschenvernunft verworfen, so muß auch Sein Wort verworfen werden. War die Hoheit und Gottheit Christi unter dem Kreuz verborgen (sub cruce tectum), so auch die Göttlichkeit seines Wortes. Dennoch

kommt das Wort nicht leer zurück, sondern es wird tun, was Gott gefällt, und es wird ihm gelingen, dazu er es sendet (Jes 55, 11). Auch das Prophetenwort, im Namen des HERRN verkündigt, war ein weithin verachtetes Wort, weil scheinbar nichts geschah. Aber Gott hat Zeit! Ist Sein Wort einmal in die Welt hinausgegangen, wird es leise weiterschallen und endlich doch zu seinem Ziel und zu seiner Vollendung kommen. Jahrhunderte, ja Jahrtausende können darüber verstreichen. Doch dann – unerwartet und überraschend – ballt es sich in der Geschichte zusammen, und das Wort geschieht, setzt sich um in Ereignisse und Taten, die ihrerseits weitererzählen und von Gott und seinem Christus zeugen!
Am Wort und an unserem Verhältnis zum Wort in Vertrauen oder Widerstand entscheidet sich unser und der Welt Schicksal; »denn« – so heißt's zutreffend im Hebräerbrief – »das Wort Gottes ist lebendig und kräftig und schärfer denn ein zweischneidig Schwert und dringt durch, bis es scheidet Seele und Geist, auch Mark und Bein, und ist ein Richter der Gedanken und Sinne des Herzens« (Hebr 4, 12)! Diese scheidende Macht des Wortes Gottes dringt bis in die Tiefenschichten menschlicher Existenz hinab. Es deckt alle unsere »Verkehrungen« auf. Dem Skalpell des Arztes gleich, muß es schmerzen, um heilen zu können. So ist das Wort Gottes nie einschichtig; es ist, dem zweischneidigen Schwerte gleich, immer zweigestaltig. Es ist *Gesetz und Evangelium!* Beides ist Wort aus Gottes Mund; und doch sind die Aufgaben voneinander unterschieden. So wie das zweischneidige Schwert nicht nur schneidet, sondern auch scheidet, so scheiden Gesetz und Evangelium zwischen Tod und Leben, zwischen Gericht und Gnade, zwischen Hölle und Himmel, zwischen Angst und Freude, zwischen Knechtschaft und Freiheit; und niemals darf man diese verschiedenen Wirkungen miteinander verwechseln, soll das Wort zu seinem Ziel kommen, nämlich der Seelen Seligkeit zu wirken.
Aufgabe und Wirkung des Gesetzes macht uns jene Geschichte am besten deutlich, in der uns Bundesschluß und Verkündigung der Zehn Gebote überliefert werden. Als das Volk jenes zehnfache gewaltige »Du sollst nicht ...« hören muß, da werden Herz und Gewissen erschüttert (2. Mose 20, 18). Sie

fliehen. Sie können die Nähe des heiligen Gottes nicht ertragen. Die Welt wird dem Gewissen zu eng, wenn an dem zehnfachen »Du sollst nicht ...« meine Sünde aufgedeckt, mein Gewissen angeklagt und meine Verstrickung in Sünde und Schuld unentrinnbar wird. Sünde ist ja nicht nur ein gelegentliches Abweichen von der Norm, das ich aus eigenen Kräften korrigieren könnte. Das Wesen der Sünde ist Unglaube. Sünde ist das Gott verweigerte Vertrauen, das nicht mehr aus dem Wort des Vaters lebt, sondern selber sein eigener Schöpfer sein will als Selbstgestalter seines Daseins. Damit gerät der Mensch in einen Teufelskreis, in den endlosen Versuch, sein zu wollen wie Gott. Daraus kann er sich nicht mehr selber befreien. Sein Wille ist geknechteter Wille!

Zwar kann er sich im Blick auf die Dinge dieser Welt frei entscheiden, ob er dies oder jenes will. Aber schon in Leidenschaften und Triebe verstrickt, versagt dieser hochberühmte freie Wille. Wieviel mehr versagt er gegenüber Gott! Wir können das zerstörte vertrauensvolle Kindschaftsverhältnis nicht selbst wieder herstellen. Da müßte schon Gott selbst sich aufmachen und vergeben, befreien, Vertrauen wecken und so neues Leben schenken.

Begegnet uns im Gesetz Gottes Heiligkeit unverhüllt, dann geht ein Erschrecken durch Herz und Gewissen. Die Seele wird bis in ihre Grundfesten erschüttert. Unter der Wucht des »Du sollst nicht ...« da ist nur noch Tod und Verzweiflung. Deshalb flieht am Sinai das Volk vor dem Ton dieser Posaune, die das Gesetz ist.

In seinem Römerbrief faßt der Apostel Paulus diese Erfahrung zusammen: »Wir wissen aber: was das Gesetz sagt, das sagt es denen, die unter dem Gesetz sind« – und das sind ohne Ausnahme alle Menschen –, »auf daß aller Munde gestopft werde und alle Welt vor Gott schuldig sei ... Denn durch das Gesetz kommt Erkenntnis der Sünde« (Rö 3, 19 f.). Das Schwert dringt durch! Dasselbe geschieht, wenn Christus das Gesetz in seine Hände nimmt und es geistlich auslegt: »Ihr habt gehört, daß zu den Alten gesagt ist ... Ich aber sage euch ...« (Matth 5, 17–48).

Doch das geistlich verstandene Gesetz will uns zu *Christus* hintreiben, so wie das Skalpell des Arztes die Heilung zum

Ziel hat und nicht unseren Tod. Als jener Schächer, jener Mörder und Straßenräuber, sterbend neben Christus am Kreuz hängt und die Verzweiflung ob seines verspielten und vergeudeten Lebens ihn würgt, da wendet er sich an den Mitgekreuzigten: »Herr, gedenke an mich ...« Und der HERR vergibt ihm und verheißt ihm ewiges Leben: »Wahrlich, ich sage dir: Heute wirst du mit mir im Paradiese sein!« (Luk 23, 39–43). Das aber ist die Stimme des Evangeliums! Das ist die frohe Botschaft! Der Freispruch von Schuld und Sünde! Hier fallen die Ketten, die mein Gewissen knechten. Hier stürzen die Mauern ein, die mich ängsteten. Hier werde ich als Hörer dieses Wortes, als Hörer der Vergebung, ein neuer, freier, fröhlicher und dankbarer Mensch, der Gott gerne dient. **Der Schächer erfährt also das Gericht Gottes an Leib und Leben. Zugleich aber begegnet ihm im Wort Christi der gnädige Gott.**

»Denn also lehrt mich die Schrift« – so *Luther* in einer Predigt vom 22. November 1532 –, »daß Gott den Menschen zwei Stühle aufgestellt habe: Einen Richtstuhl für die, die noch sicher und stolz sind und ihre Sünde nicht erkennen noch bekennen wollen, und einen Gnadenstuhl für die armen, erschrockenen Gewissen, die ihre Sünde fühlen und bekennen, vor seinem Gericht verzagen und gerne Gnade hätten. Dieser Gnadenstuhl ist nun Christus selbst ... den Gott uns aufgestellt hat, daß wir dazu Zuflucht haben sollen, da wir vor Gott durch uns selber nicht bestehen können. Dazu will ich mich halten ... Da soll mein Herz und Gewissen ... alles nichts und kurz zugedeckt sein und ein Gewölbe, ja ein schöner Himmel darüber geschlagen sein, der es gewaltig schütze und verteidige, welcher heißt GNADE und VERGEBUNG DER SÜNDE (bei Luther bewußt groß geschrieben!). Darunter soll mein Herz und Gewissen kriechen und sicher bleiben ...![3] Nachdem also das Schwert des Weltenrichters Christus mit der linken Seite des Schwertes Wunden geschlagen hat, kommt derselbe Christus und verteidigt mit der rechten Seite des zweischneidigen Schwertes den Sünder und schützt ihn im letzten Gericht.

---

[3] Luthers Werke: WA 36, 367.

Das Evangelium ist also keine Beschwichtigung, keine psychologische Ermutigung, kein gutes Wort an sich. Das Evangelium ist und bleibt das Wort des Richters; freilich Sein freisprechendes und im letzten Gericht bewahrendes Wort. Diese freisprechende Gewalt des Evangeliums geschieht in Wort und Sakrament. Im Vollzug der Predigt, in der Unterscheidung von Gesetz und Evangelium ist Christus als Weltrichter schon hier und heute auf dem Plan, richtet und spricht frei, klagt an und schenkt Vergebung und reißt aus dem Tod ins ewige Leben! Deshalb kommt das Wort nie leer zurück. Das zweischneidige Schwert vollbringt sein Amt. Auch dort, wo dem Wort widersprochen, wo es verworfen wird, wirkt das Wort und schließt den Unglauben ein unter dem Gericht. Dort aber, wo das Wort Glauben wirkt, schließt es auf und beruft in das neue Leben.

Die Gemeinde von Pergamon – immer wieder auf dem Weg vom »Richtstuhl« zum Gnadenstuhl, vom tötenden Gesetz zum schützenden Evangelium – hat diese verborgene Macht Christi erfahren. Sein Reich ist zwar nicht von dieser Welt, nicht ein Reich sichtbarer Größe und Macht, aber deshalb ist dieses Reich kein »Wolkenkuckucksheim«, wie viele wähnen, kein Utopia der Illusionen. Die Gemeinde von Pergamon – und überall in der Welt ist Pergamon – hat die stille Macht und Gewalt des Reiches Christi in der Verborgenheit ihrer Christenexistenz, in Herz und Gewissen selber befreiend erfahren.

Wird freilich aus dem Evangelium wieder ein Gesetz gemacht – etwa in Form von »Betroffenheit« oder »Engagement«, in der Forderung globaler Weltverantwortung usw. –, dann treibt dieses neue, angeblich christliche Gesetz entweder in die Resignation oder macht hochmütige Leute, die sich in alle Händel dieser Welt – auch unberufen – einmischen und in ihrer Besserwisserei nicht für Christus »werben«, sondern von ihm abschrecken.

Wird aber das Evangelium ohne das Gesetz ausgerichtet, ohne den Blick auf den Weltrichter, dann wird es zu innerweltlich guten Absichtserklärungen verfälscht. Es wird zur Proklamation des angeblich guten Menschen an sich. Es entartet zu billigen Vertröstungen und verkommt zu einem realitätsfernen

Optimismus. Aber die Kraft, die Dynamik des Evangeliums, geht verloren. Beide Male ist das Schwert des Geistes, das Wort Gottes, stumpf geworden, taubes Salz ohne Salzkraft.
In der Gemeinde von Pergamon freilich hat das Wort aus Christi Mund seine verborgene Kraft bewiesen. Verfolgungen sind über sie hinweggegangen. Ein sonst unbekannter Antipas erleidet das Martyrium. »Treuer Zeuge« wird er genannt. Diese Treue ist möglich, weil die Gemeinde an Christi Namen festgehalten hat. Der Abfall, das Kaiseropfer, die Anpassung an die herrschenden Gewalten und Meinungen, wäre der leichtere Weg gewesen. Aber die Gemeinde ist dann nicht mehr Licht der Welt und Salz der Erde, eine Erfahrung, an der die gegenwärtigen Anpassungen der Kirche an die Welt gemessen werden müssen. Eine Kirche, die Verfolgungen und Leiden scheut, bewegt nichts mehr.
Die Gemeinde von Pergamon, die sich als Zeugin des Evangeliums im Angesicht des satanischen Thrones heidnischer Gewalten bewährt hat, ist freilich auch Gemeinde in Versuchung. In ihrer Mitte gibt es Kreise, die sich an die Lehre Bileams halten. Man ißt Götzenopfer und treibt Hurerei. Damit wird auf jenen nichtisraelitischen Seher, Zauberer und Beschwörer Bileam angespielt, den Balak, der König der Moabiter, eingeladen hatte, gegen Bezahlung – versteht sich – Israel zu fluchen. Doch Gott tritt Bileam in den Weg. Statt zu fluchen, muß er Israel segnen. In seiner Verstockung tritt ihm sogar ein Esel in den Weg. Unvernünftiges Vieh ist vernünftiger als verblendetes Heidentum, das die Natur vergöttert und im Acker und Weinberg, in Zeugung und Geburt nicht gute Gaben Gottes erkennt und nicht ihm allein die Ehre gibt (vgl. 4. Mose 22–25). Doch dann gelingt es Bileam auf des Moabiterkönigs Geheiß, Israel zu verführen. Einfallstor dieser Verführung zum Abfall von Gott ist die Verehrung des Baal-Peor, des Gottes der Moabiter. Sein Name Baal läßt ihn als Herr, als Baal, als Himmelsgott, erscheinen. Sein Gegenüber, seine Gattin und Mutter, ist Aschera oder Astarte, die vergöttlichte fruchtbare Erde. Baal zeugt, und Aschera empfängt und gebiert. Die Verehrung dieses Götterpaares war untrennbar mit der schon erwähnten »Heiligen Hochzeit« verbunden. Im Kultus wird nach magischem Verständnis in der geschlechtlichen Ver-

einigung die Befruchtung der Erde durch den Himmel nicht etwa nachgeahmt, sie wird vielmehr selbst beschworen und verwirklicht. Dieser geschlechtlich aufgeladene Kult wird zur großen Versuchung. »Und das Volk hob an zu huren mit der Moabiter Töchter« (4. Mose 25, 1), heißt es sehr knapp, aber bezeichnend. Die Geschlechtlichkeit als solche wird aus ihrer gottgewollten Ordnung herausgebrochen. Sie wird von ihrer göttlichen Bestimmung, von Ehe, Liebe und Treue isoliert. Das Geschlecht wird vergötzt. Man bricht so die Treue gegenüber dem wahren Gott, der Israel Treue versprochen hat.

Eben diese Vergötzung des Sexus scheint auch bestimmte Kreise in Pergamon erfaßt zu haben. In einer heidnischen Stadt wie Pergamon mit seinen Tempeln und Bordellstraßen war die Versuchung übermächtig. Nahe liegt auch der Gedanke, daß ausgelebte Sexualität ein Akt von Selbstfindung und Emanzipation sei. Es ist kein Zufall, daß auch im Sendbrief nach Pergamon die »Nikolaiten« als häretische Gruppe genannt werden. Der sexuellen Freizügigkeit der Bileamiten entspricht der asketische leibfeindliche Rigorismus der Nikolaiten. Auch hier ist die schöpfungsgemäße Einheit von Leib und Seele auseinandergebrochen.

Beide Häresien berufen sich auf eine falsch verstandene christliche Freiheit. Die Bileamiten sehen in geschlechtlicher Freizügigkeit die Bewährung ihrer Freiheit, während die Nikolaiten von allen leiblichen Bindungen frei sein wollen. Rechte christliche Freiheit gebraucht den Leib als gottgeschenkten Diener, ohne dabei der Sucht zu verfallen, sondern den Leib in Liebe, in Ehe und Familie zu »bewähren«.

Dasselbe gilt auch für die in den Kreisen der Bileamiten offensichtliche Teilnahme am Verzehr von Götzenopferfleisch. In diesen Zusammenhang gehört auch die in paulinischen Gemeinden umstrittene Frage nach dem erlaubten oder unerlaubten Genuß von Götzenopferfleisch. Die »Starken« berufen sich darauf, daß da nur *ein* Gott ist und deshalb ein Götze nichts ist in der Welt. Folglich essen sie in aller Freizügigkeit Opferfleisch, vergessen aber darüber die Rücksichtnahme auf die »Schwachen« in der Gemeinde, die durch den Genuß von

Götzenopferfleisch in ihrem Gewissen beschwert sind. Wahre christliche Freiheit kann um des Schwachen willen auf diese dem Nächsten anstößige Speise verzichten (Rö 8). Im Verzicht – aus Liebe – erweist sich erst wahre Freiheit, nicht nur im Nehmen und im Inanspruchnehmen.

Die Buße, die Umkehr, zu der Bileamiten und Nikolaiten aufgerufen werden, besteht deshalb in der schlichten Heimkehr zum Wort, das aus Christi Mund geht. Als Gesetz deckt dieses Wort die Tiefe unserer Gottverlorenheit auf. Im Evangelium dagegen stiftet dieses Wort neuen Sinn, neuen Halt. Nicht wir nehmen »Haltung« an, sondern wir begeben uns vertrauensvoll in die Hand, die uns hält, in die Hand unseres Erlösers. Christus herrscht in dieser Welt und führt seine Kriege gegen satanische Selbstüberhebung durch das Schwert seines Mundes, durch das von uns verkündigte Evangelium. Jeder rechtschaffene Prediger, der Gesetz und Evangelium recht scheidet und zuteilt, ist ein »miles Christi«, ein Soldat an der vordersten Front unseres Herrn, der mit dem Wort Gottes seine Kriege gegen eine selbstsichere, verblendete und von Gott verfremdete Welt führt, um in dieser Welt die »Gemeinde der Erlösten« zu sammeln. Deshalb ergeht auch hier der dringende Ruf zu hören. Im Hören des Wortes wird die rechte Zuversicht und der rechte *geistliche* Trotz in unser Herz gepflanzt, so daß wir widerstehen.[3]

Im verkündigten Wort, das zum Hören kommt, ist der erhöhte Herr, ist der Weltrichter selber, in unserer Mitte gegenwärtig und übt seine Herrschaft aus. Er gibt im verkündigten Wort schon hier und jetzt das »verborgene Manna«; und er gibt den »weißen Stein« mit dem neuen Namen, »den niemand kennt als der, der ihn empfängt«. Der Hinweis auf das »Manna« knüpft an jene alttestamentliche Überlieferung an, daß Gott die hungernden und murrenden Israeliten mit Wachteln und

---

[3] »Das geschieht nun vornehmlich« – so Martin Luther in einer Predigt über Eph 6, 10–17 vom 20. Okt. 1532 (Walchsche Lutherausgabe, Lutherische Buchhandlung, Groß Oesingen, 2. Auflage 1987, Bd. IV, Spalte 855) –, »wenn man das Wort treibt öffentlich auf dem Predigtstuhl; darnach auch ein jeglicher Christ bei ihm selbst oder mit anderen, mit Hören, Lesen, Singen, Reden, Betrachten«. »Man muß es treiben und üben mit Predigen, Hören, Lernen.«

Manna speist. Es wird »Brot vom Himmel« genannt (2. Mose 16, 4), weil diese rechtzeitige Hilfe zu Recht als ein Wunder Gottes begriffen wurde. Das ist eine Erfahrung, die immer wieder gemacht werden kann, wenn der Glaube selbst die geringste Brotkruste als Gabe Gottes mit Danksagung empfängt. Dieses »Manna«, so heißt es, sei wie »Koriandersamen« gewesen und »weiß und hatte einen Geschmack wie Semmel und Honig« (2. Mose 16, 31). Es war sichtbare Speise, unverborgen, doch gleichwohl gesegnete Speise, die die Hungernden satt machte. Über anderthalb Jahrtausende später kann Jesus in Vollmacht sagen, daß die Väter, die dieses Manna gegessen haben, dennoch gestorben sind. Dieses sichtbare Manna half nur, dieses irdische Leben zu fristen. Er aber ist das *wahre* Brot vom Himmel. Er setzt seinen Leib und Blut ein für das ewige Leben (Joh 6). Dies ist der Welt verborgen. Aber dieses »verborgene Manna«, das sein Leib und Blut ist, dieses verborgene Manna speist unsere Seelen, aber auch unsere Leiber mit ewigem Leben; denn ist unsere Seele, ist unser innerster Mensch im Glauben von Christus erfüllt, durchdrungen vom ewigen Leben, dann wird am jüngsten Tage auch unser Leib nachfolgen, und wir werden vor ihm leben in einem neuen und verklärten Leib, der jetzt noch verborgen ist.

Ähnliches gilt auch von jenem »weißen Stein« mit dem »neuen«, der Welt verborgenen, aber dem Glauben offenbarten Namen. Wiederum begegnet uns hier die Dialektik von »verborgen« und »erkannt«: Vor der Welt verborgen, versteckt auch unter dem verachteten mündlich-stammelnden Wort, aber im Glauben erkannt und bewahrheitet. Die Rede vom weißen Stein freilich ist ein Rätselwort. Der nachexilische Prophet Sacharja berichtet: Dem Hohenpriester Josua wird ein Stein mit sieben Augen vorgelegt. Dieser Stein wird ausgehauen, und zugleich nimmt Gott, der Herr, die Sünde des Landes hinweg auf *einen* Tag. Dies alles steht in geheimnisvollem Zusammenhang mit dem Kommen des »Zemach«, des Gottesknechtes. Offensichtlich handelt es sich um eine messianische Ankündigung. Die sieben Augen auf dem Stein deuten hin auf die göttliche Allgegenwart, die durch diesen Stein symbolisiert wird. Er ist also keineswegs ein toter, sondern ein lebendiger Stein. Wie ein Steinblock aus dem Felsen herausgehauen wird, so wird das Aushauen dieses lebendigen Steines die Sünde auf einen Tag, in einem Augenblick, tilgen. Nimmt hier das Sendschreiben diese messianisch-geheimnisvolle Ankündigung auf, dann war der ausgehauene weiße Stein der gekreuzigte Christus, der an *einem* Tag die Sünde der Welt abgetan hat. »Weiß« ist dieser Stein, weil dem weißen, dem unschuldigen Lamm Gottes die Sünde der Welt aufgebürdet und durch sein Opfer weggetragen wird. Den »*neuen* Namen« empfangen die Glaubenden. Sie werden Christen nach Christus genannt. Die Christen, das sind die Erlösten, die ihre Schuld auf Christus gelegt haben, deren Sünde so hinweggenommen wurde, die deshalb von Hölle und Tod befreit mit ihm leben werden.[4]

Der »weiße Stein« ist der »geistliche Fels Christus«, der schon die alttestamentliche Gemeinde auf ihrer Wüstenwanderung begleitete (1. Kor 10, 4) und der bis heute Grundlage seiner Gemeinde ist (1. Kor 2, 11); der Fels der Kirche[5], den die Pforten der Hölle nicht überwältigen werden (Matth 16, 18 ff.). Er, selbst ist der Stein, den die Bauleute verworfen haben und der zum Eckstein geworden ist (Matth 21, 42). Ist dieser Grund- oder Eckstein Fundament der Gemeinde, sind unsere Namen in diesen Stein unaustilgbar eingegraben, dann sind wir des ewigen Lebens teilhaftig, gesättigt vom ewigen »Manna«, vom Brot des Lebens, das Christus selber ist.

---

[4] Andere Ausleger sehen in dem weißen Stein eine »Erinnerung an die antiken Spiele«. Es bestand die Sitte, daß der Kampfrichter »den Siegern als Siegesurkunde weiße Marmortäfelchen (weiß ist immer die Farbe des Siegers) mit eingezeichneten Namen aushändigte« (so Hanns Lilje, S. 95 f.). Auch galt der weiße Stein als Einladung zum Fest; hier also als Einladung zur Teilnahme an der Tafel des ewigen Lebens (so M. H. Franzmann, S. 45). Joh. Albrecht Bengel weist hin auf den altgriechischen Gerichtsspruch, bei dem schwarze und weiße Steinchen in eine Schale geworfen wurden. Schwarz entsprach dem Todesurteil, weiß dem Freispruch; ein »Zeichen der Gnade« (S. 61).

[5] Nicht Petrus, sondern sein Bekenntnis »Du bist der Christus«.

Thyatira
(Offb 2, 18–29)

¹⁸ Und dem Engel der Gemeinde in Thyatira schreibe: Das sagt der Sohn Gottes, der Augen hat wie Feuerflammen, und seine Füße sind wie Golderz:
¹⁹ Ich kenne deine Werke und deine Liebe und deinen Glauben und deinen Dienst und deine Geduld und weiß, daß du je länger je mehr tust.
²⁰ Aber ich habe gegen dich, daß du Isebel duldest, diese Frau, die sagt, sie sei eine Prophetin, und lehrt und verführt meine Knechte, Hurerei zu treiben und Götzenopfer zu essen.
²¹ Und ich habe ihr Zeit gegeben, Buße zu tun, und sie will sich nicht bekehren von ihrer Hurerei.
²² Siehe, ich werfe sie aufs Bett, und die mit ihr die Ehe gebrochen haben in große Trübsal, wenn sie sich nicht bekehren von ihren Werken,
²³ und ihre Kinder will ich mit dem Tode schlagen. Und alle Gemeinden sollen erkennen, daß ich es bin, der die Nieren und Herzen erforscht, und ich werde geben einem jeden von euch nach euren Werken.
²⁴ Euch aber sage ich, den andern in Thyatira, die solche Lehre nicht haben und nicht erkannt haben die Tiefen des Satans, wie sie sagen: Ich will nicht noch eine Last auf euch werfen;
²⁵ doch was ihr habt, das haltet fest, bis ich komme.
²⁶ Und wer überwindet und hält meine Werke bis ans Ende, dem will ich Macht geben über die Heiden,
²⁷ und er soll sie weiden mit eisernem Stabe, und wie die Gefäße eines Töpfers soll er sie zerschmeißen,
²⁸ wie auch ich Macht empfangen habe von meinem Vater; und ich will ihm geben den Morgenstern.
²⁹ Wer Ohren hat, der höre, was der Geist den Gemeinden sagt!

Exkurs: Thyatira – die unansehnliche Stadt
In Pergamon biegt die alte römische Reichs- und Poststraße nach Süden weiter ins Innere des Landes ab. Die nächste größere Stadt ist unser Thyatira. Der römische Schriftsteller und spätere Statthalter in Bithynien, Plinius der Jüngere (62–113 n. Chr.), nennt als Kundiger Thyatira eine »inhonora civitas«, eine unehrenhafte Stadt. Man darf dabei freilich nicht übersehen, daß »inhonora« auch unansehnlich, ungeziert und ungeputzt bedeuten kann. Bekannt geworden ist diese Stadt vor allem durch einen schwunghaften Purpurhandel. Kaufleute und Gewerbetreibende bestimmten deshalb das Bild der Stadt. Unser Wort Purpur leitet sich von dem Namen der Purpurschnecke ab (Porphyra), die einen tief rötlichen Farbstoff mit leichtem Indigoschimmer ausscheidet. Aus einer Drüse abgesondert, wird der Farbstoff zunächst gelb, dann rot und schließlich purpurn. Die Purpurschnecke lebt in wärmeren Meeren. Es bedarf etwa 12 000 Schnecken, um aus ihren Ausscheidungen nur einige Gramm Farbstoff zu gewinnen. Das bedeutete für eine im Landinneren gelegene Stadt wie Thyatira, daß man lebhafte Handelsbeziehungen zu den Küsten unterhalten mußte, um die begehrte Purpurfarbe zu beziehen.

Die Phönizier in Syrien dürften wohl die ersten gewesen sein, die Purpur verarbeiteten. Von Syrien verlegte sich das Zentrum des Purpurhandels nach Phrygien in Kleinasien mit Thyatira als Zentrum, um sich von dort allmählich über den gesamten Mittelmeerraum zu verbreiten. Die antiken Rezepte zur Purpurgewinnung und Purpurherstellung freilich sind uns verlorengegangen. Aber man kann sich vorstellen, wie Lagerhallen und Schuppen und die Kontore großer Kaufhäuser das Bild der Stadt bestimmten, eine wahrhaft »inhonora civitas«, eine »unansehnliche Stadt«. In ihr fehlten die prächtigen Tempel wie in Ephesus, Delphi, Olympia oder Pergamon. Arbeiter, Handwerker, Kaufleute und »kleine Leute« gingen hier ihrem Tagewerk nach. Nach Thyatira wallfahrte man nicht wie nach Ephesus oder Pergamon. Nach Thyatira kam nur, wer hier seine Geschäfte tätigen mußte oder hier Arbeit und karg bemessenen Lohn suchte. Wann hier eine christliche Gemeinde unter diesen »kleinen Leuten« entstand, wissen wir nicht. Es ist jedoch naheliegend, daß der dreijährige Aufenthalt des Apostels Paulus in Ephesus seinen Einfluß bis in das unansehnliche Thyatira hinein ausstrahlte.

Die kleine Christengemeinde von Thyatira war genauso »inhonora«, genauso unansehnlich, wie ihre Stadt selbst. Aber ihr wird in diesem Sendschreiben ihr Herr Christus auf eine unvergeßliche Weise eingeprägt. Er »hat Augen wie Feuerflammen, und seine Füße sind gleich wie Gulden«. Damit wird indirekt und noch deutlich genug auf jene Traumvision des Königs Nebukadnezar angespielt, die dann der Prophet Daniel dem König deutet. In dem Gesicht des Königs geht es um ein gewaltiges Bild, um eine Art Standbild. Das Haupt des Bildes bestand aus Gold, seine Brust und seine Arme waren aus Silber, Bauch und Lenden waren erzern, die Schenkel bestanden aus Eisen, die Füße aber waren ein Gemisch von Eisen und Ton. Doch ein gewaltiger Felsblock brach von oben herab und zermalmte die Füße des Standbildes, so daß das ganze Standbild in sich zusammenstürzte. Der Felsblock freilich, der das Bild zerschmetterte, wuchs zu einem großen Berg, der die ganze Welt erfüllt.

In der Deutung, die – gemäß der Überlieferung – Daniel diesem gigantischen Standbild gibt, handelt es sich um einen Entwurf der Weltgeschichte, um die Abfolge von großen, mächtigen Weltreichen. Nebukadnezar ist das gegenwärtige noch goldene Haupt der Weltgeschichte. Der mächtige Triumphator, der Jerusalem, die Stadt Gottes, eroberte, wird zum Handwerkszeug Gottes, durch das er das Gericht am Hause Gottes vollstreckte. Aber Nebukadnezar und seine Macht bleiben nicht. Sie werden mitgerissen im Strom der Geschichte. Nebukadnezars Reich folgen andere Reiche. Es gibt kein »ewiges Babylon«, ebensowenig wie es ein »ewiges Deutschland« gibt. So folgen dem goldenen Reich ein silbernes, ein ehernes und ein eisernes und schließlich ein aus Eisen und Ton vermengtes Reich. Sie werden sich dabei »nach Menschengeblüt untereinander mengen, aber sie werden doch nicht aneinander halten, gleichwie sich Eisen mit Ton nicht vermengen läßt« (Dan 2, 43). Hier wird die ganze Brüchigkeit dieser Reiche deutlich. Das Standbild der Weltgeschichte, die Aufeinanderfolge der fünf Reiche, steht auf tönernen Füßen. Die Weltgeschichte trägt ihren Zerfall und ihr Ende gleichsam in sich selbst. Dennoch handelt es sich weder um eine weltimmanente Entwicklung noch um eine vom Pessimismus geprägte Geschichtsschau, vielmehr ist im Ablauf der Geschichte immer Gott der Handelnde. »Er ändert Zeit und Stunde; er setzt Könige ab und setzt Könige ein ... Er offenbart, was tief und verborgen ist; er weiß, was in der Finsternis liegt, denn bei ihm ist eitel Licht!« (Dan 2, 21 f.)[1]

---

[1] Auf den ersten Blick scheint jene Sicht des Propheten Daniel mit den vier Weltaltern der Griechen zusammenzustimmen. Manche wollen hier sogar eine gewisse Abhängigkeit sehen. Zum erstenmal taucht jener Mythos von den fünf Weltaltern bei dem Dichter und Rhapsoden Hesiod auf (um 700 v. Chr.). Er kennt vier Weltalter: das goldene Zeitalter, in dem Kronos regierte, ihm folgte das silberne Zeitalter unter der Herrschaft des Zeus, das allmählich herabsinkt auf die Stufen des bronzenen und eisernen Zeitalters. Das Weltgefühl dieser Sicht ist von Grund auf pessimistisch. Zerfall beherrscht die Welt, allmählich lassen alle Bindungen nach, und das Chaos droht. In der Geschichte vollstreckt nicht Gott seine Gerichte, sondern im griechischen Mythos herrscht das unabänderliche und zugleich herzlose Schicksal.
Mag es auch Anklänge an jene Deutung Daniels geben, mag es hier sogar gewisse unterirdische geschichtliche Verbindungen geben, so ist doch die biblische Sicht grundsätzlich *nicht* pessimistisch. Die Geschichte und das Kommen und Gehen der irdischen Reiche läuft nie Gott aus dem Ruder: »*Er* ändert Zeit und Stunde« (Dan 2, 21) und nicht das Gesetz des Zerfalls und nicht das Gesetz des Schicksals. Vor allem aber setzt ER der Geschichte Ziel und Ende. Der Felsblock, der das Standbild zertrümmert und zum Berg wird, der die ganze Welt erfüllt, ist das Ende aller Weltreiche. An die Stelle dieser irdischen Reiche »wird der Gott des Himmels ein Königreich aufrichten, das nimmermehr zerstört wird ... Es wird alle diese Königreiche zermalmen und zerschmettern; aber es selbst wird ewiglich bleiben« (Dan 2, 44). Gottes Reich als Vollendung aller irdischen Reiche! Das Kommen dieses Reiches ist Gericht über alle Völker und zugleich die Aufrichtung seiner unzerstörbaren Herrschaft.
In einer anderen großartigen Vision sieht Daniel wieder die Aufeinanderfolge irdischer Reiche (Kap 8). Dann aber erscheint vor ihm »ein Mann in Leinwand und hatte einen goldenen Gürtel um seine Lenden ... sein Antlitz sah aus wie ein Blitz, seine Augen wie feurige Fackeln, seine Arme und Beine wie helles glattes Erz; und seine Rede war wie ein großes Getön« (Dan 10, 6). Deutlich läßt sich erkennen, woher der Seher der Offenbarung sein Christusbild hat: »Das sagt der Sohn Gottes, der Augen hat wie Feuerflammen, und seine Füße sind gleichwie goldschimmerndes Erz« (Offb 2, 18). Die Feuerfackeln der Augen und die glänzenden Füße aus Erz lassen diesen Menschensohn nicht einen Menschen schlechthin sein, sondern er ist auch im Danielbuch eingetaucht in göttliche Hoheit und Macht. Dieser Menschensohn (Dan 7)

Exkurs: Die bürgerliche Gerechtigkeit und der Ruhm, den wir bei Gott haben sollten
Die Christen in Thyatira waren sich wohl – wie alle Thyatiraner – der besonderen Bedeutung des bei ihnen verarbeiteten Purpurs bewußt. Bei den Römern durften beispielsweise nur ganz bestimmte Stände einen Purpurbesatz an der Tunika tragen, die Senatoren einen breiten, die Ritter einen schmalen Streifen. Diese römische Sitte setzt sich fort in dem Vorrecht der Kardinäle der römischen Kirche, einen Purpurmantel tragen zu dürfen. Selbst die roten Streifen der Generalstabsoffiziere erinnern an das Vorrecht des römischen Adels.[2]
Das in Thyatira verarbeitete Purpur war also das Zeichen einer besonderen gesellschaftlichen Stellung. Symbol für gesellschaftspolitische Verdienste und Ausdruck von Ansehen und Ehre im weitesten Sinn. Es verriete jedoch nur ein ungeschichtliches Denken, wollten wir darin in marxistischer Manier nur Ausdruck einer Klassen- und Ausbeutergesellschaft sehen. Keine Gesellschaft und kein Staat, keine Monarchie und keine Republik können ohne ein System von Ansehen, Achtung, Verdienst und Ehre auskommen. Selbst die marxistischen Staaten, in denen angeblich die Klassenherrschaft aufgehoben sein sollte, kamen und kommen nicht ohne ihren »Purpur« aus. Ein System von Prämien und Titel wie »verdienter Arbeiter, Wissenschaftler oder Sportler des Volkes« war und ist notwendig, um das gesellschaftliche System mehr oder weniger gut bzw. schlecht in Gang zu halten. Keine Gesellschaft kommt ohne diesen »Purpur«, ohne dieses System gegenseitiger Anerkennung und Belohnung, aus. Schon die sog. Anstandsregeln oder die Höflichkeitsformen sind notwendig, um das Zusammenleben von Menschen, die engmaschige Verknüpfung des gesamten staatlichen und gesellschaftlichen Lebens erträglich und human zu gestalten. Deshalb gebührt auch dem, der ordentlich lebt, seinem Beruf nachgeht und Weib und Kind ernährt, alle Ehre und öffentliche Anerkennung. Dem aber, der auf Kosten der Gesellschaft schmarotzt, gebührt Verachtung, und gegebenenfalls muß er zur Rechenschaft gezogen werden. Vor Gott sind wir

---

ist Gottes Sohn (Offb 2, 18)! Seine goldschimmernden Füße aber kennzeichnen die Standfestigkeit seines Reiches! Es ist ewig gegründet, und niemand kann es zerschmettern. Er ist der ewige Fels, der die tönernen Füße aller irdischen Reiche zertrümmert, selber aber bleibt, weil er der Vollender der Geschichte ist.

[2] Nach »Großer Brockhaus, Wiesbaden 1956, Bd. 9, S. 465 f.

freilich »allzumal Sünder und mangeln des Ruhmes, den wir bei Gott haben sollten« (Rö 3, 23).
Trotzdem ist es vor Menschen und innerhalb der menschlichen Gesellschaft ein gewaltiger Unterschied, ob einer ein Dieb, Mörder, Gauner, Säufer oder Ehebrecher ist oder ob er treu ist und zuverlässig, fleißig, ehrenhaft, ordentlich und ehrlich. Alle diese »Tugenden« sind für das Funktionieren eines Gemeinwesens unentbehrlich. Ein Staat geht daran zugrunde, wenn dieser »Purpur«, wenn diese Ehrenhaftigkeit, mißachtet und systematisch zerstört wird. Dann wachsen Lug und Trug, Bestechung, Bereicherung und Kriminalität.
Es ist deshalb unbedacht und zeugt von Verantwortungslosigkeit, wenn dies alles als »Spießbürgerlichkeit« diffamiert wird. Der Spießbürger war einstmals immerhin der freie Bürger einer Stadt, der mit dem Spieß in der Hand unter Einsatz seines Lebens die bedrohte »civitas«, die bedrohte Stadt, verteidigte und schützte. Daß der »Purpur«, die Anerkennung dieses Verdienstes, oft genug von lauter Eitelkeiten durchsetzt ist, sei unbestritten. Aber diese Eitelkeiten, alle die damit verknüpften Selbstbespiegelungen und Selbstbeweihräucherungen heben die Notwendigkeit einer sog. »iustitia civilis«, einer bürgerlichen Gerechtigkeit, nicht auf. Diese »bürgerliche Gerechtigkeit« rechtfertigt mich vor den Menschen.
Der Christ freilich erkennt durch Christus, daß darin keiner vor Gott gerechtfertigt ist. Paulus z. B. verteidigt sich gegenüber ungerechtfertigten Vorwürfen, daß es ihm ein Geringes sei, von den Korinthern gerichtet zu werden oder von einem menschlichen Tage. Er sei sich keiner Schuld, keiner irdisch-meßbaren Schuld, bewußt. »Aber«, so hebt er hervor, »darin« (in dieser irdischen Gerechtigkeit) »bin ich nicht gerechtfertigt« (1. Kor 4, 3–5)!
In seiner großen Galaterbriefvorlesung von 1532 unterscheidet Luther deshalb dreierlei Gerechtigkeiten: a) die weltliche Gerechtigkeit, »mit welcher der Kaiser, die Fürsten der Welt, Philosophen und Juristen zu tun haben, b) die zeremoniale, »die durch menschliche Satzungen gelehrt wird, wie die Satzungen des Papstes und ähnliches sind. Hausväter und Schulmeister lehren dieselbe ohne Gefahr, weil sie ihr nicht die Kraft beilegen, als könne man dadurch für die Sünde genugtun, Gott versöhnen und Gnade verdienen, sondern sie lehren die Zeremonien nur als notwendig zur äußerlichen Zucht und zu einer gewissen Ordnung«, c) die »Gerechtigkeit des Glaubens« oder »christliche Gerechtigkeit«, die man »aufs sorgfältigste von den zuvor genannten

unterscheiden muß«.[3] *Selbst also die sog. »Zeremonialgesetze« sind im Bereich dieser Welt »notwendig«, d. h. also alles, was mit Anstand, Ehre und Rechtschaffenheit zu tun hat. Da geht es um »äußerliche Zucht«, ohne die die Reiche dieser Welt keinen Bestand haben. Darin freilich »bin ich nicht gerechtfertigt« (1. Kor 4, 4)! Das ist schon deshalb unmöglich, weil alle geschichtlich gewordenen Staaten und Kulturkreise, Gesellschaften und Stände dem Gesetz des Kommens und des Gehens in dieser Welt unterworfen sind. Es sind dies keine ewigen Reiche. So notwendig diese Staaten mit ihrem »Purpur« auch sind, um das zeitliche Leben hier zu fristen, so wenig können sie menschlichem Leben Sinnerfüllung, ein volles oder erfülltes Leben vermitteln. Dazu bedarf es eines ewigen Reiches, dazu bedarf es des Reiches Gottes.*

Die Feuerflammen der Augen Christi wollen sagen, daß ihm nichts entgeht. Er offenbart, was tief und verborgen ist. Er weiß, was in der Finsternis liegt, denn bei ihm ist alles Licht (Dan 2, 22). »Es ist alles bloß und entdeckt vor Seinen Augen!« (Hebr 4, 13). Die Dämonen waren die ersten, die ihn in seiner göttlichen Hoheit und Vollmacht erkannten, weil sie sich von ihm erkannt wußten. »Halt, was haben wir mit dir zu schaffen, Jesus von Nazareth?«, so schreien sie auf (Mk 1, 27; vgl. auch Mk 2, 1 ff.; 3, 7–12; 3, 22–30; 5, 1–21 u. a. m.). Sein alles durchdringendes Auge durchschaut auch die Abgründe der Dämonen, und deshalb toben die Dämonen in seiner heiligen Gegenwart und werden in ihrem Aufstand ihrer Ohnmacht inne. So durchschaut auch Christus das scheinbar so fromme Treiben jener falschen Prophetin, die hier in dem Sendschreiben mit dem Namen der Königin Isebel gekennzeichnet und gebrandmarkt wird. Daß sie sich als Prophetin ausgibt, umschreibt die Autorität und die Würde, die sie in der Gemeinde beansprucht. »Von alters her haben etliche gemeint, dies sei des Vorstehers Weib gewesen ... Und diese hat nun der Vorsteher Meister sein lassen.«[4] Doch dies dürfte abwegig sein, da keineswegs sicher ist, daß mit dem »Engel der Gemeinde« tatsächlich der jeweilige Vorsteher (= Bischof) gemeint ist. Viel naheliegender ist die »symbolische Deutung«, um das Wesen

---

[3] Luthers Werke, Walchsche Ausgabe, Bd. IX, Sp. 17.
[4] Bengel, S. 68.

jener falschen Prophetie zu charakterisieren. In jener uns unbekannten Frau und Prophetin kommt etwas vom Wesen der verhängnisvollen Königin Isebel zum Ausdruck, die einst Israel tyrannisierte, den Propheten Elia, den wahren Propheten, verfolgte und Israel zum »Ehebruch«, d. h. zum Abfall von Gott, und zum Götzendienst (= Hurerei) verführt hat.
Jene geschichtliche Isebel war die Tochter Ethbaals, des Königs von Sidon! Mit ihrer Vermählung mit dem schon erwähnten König Ahab in Samaria im Nordreich Israel zieht wieder der kanaanische Fruchtbarkeitskult in Israel ein. Der König läßt – offensichtlich auf Drängen dieser syrophönizischen Frau – sogar einen Altar für Baal und ein Ascherabild aufführen (1. Kö 16, 29–33). Auf Staatskosten werden 450 Baalspriester angestellt und 400 Propheten der Aschera (1. Kö 18, 19). Aus all diesen Maßnahmen und der Klage des Propheten Elia, daß nur er allein in Israel übriggeblieben sei, der Jahwe die Treue gehalten habe, läßt sich erahnen, in welchem Umfang sich Israel dem neuen Kult öffnete. Auch wenn dem Elia später[5] ge-

---

[5] Selbstverständlich können wir nicht davon absehen, daß zwischen der Zeit des Königs Ahab (ca. 875–854 v. Chr.) und seiner unheilvollen Königin und der Lage der Christengemeinde in Thyatira mehr als sieben Jahrhunderte verstrichen sind. Die jeweilige geschichtliche Situation hat sich grundlegend geändert, dennoch tauchen im Verlauf der Geschichte immer wieder die alten Versuchungen und die alten Irrlehren in neuem Gewand auf.
Friedrich Schleiermacher (1768–1834) spricht deshalb von vier grundsätzlichen Ketzereien, die immer wieder die Kirche und ihre Predigt und Lehre gefährden, die doketische, die nazoräische, die manichäische und pelagianische Häresie. In verschiedensten Variationen können sie sich präsentieren, dennoch sind alle jeweiligen geschichtlichen Äußerungen in ihren Grundstrukturen in der Tiefe miteinander verwandt. Schleiermacher nennt dies »die natürlichen Ketzereien am Christentum« (in: Der christliche Glaube, neu erschienen 1960 in Berlin, 1. Bd., S. 129).
Aus Sicht der Heiligen Schrift und insbesondere der Offenbarung des Johannes handelt es sich allerdings nicht um »natürliche Ketzereien«, die man bei der nötigen klugen Umsicht auch vermeiden könnte, vielmehr ist es durch alle Jahrtausende, bei allen Abwandlungen, der eine fundamentale, satanische und antichristliche Kampf gegen den HERRN und seinen Gesalbten. Dieser Kampf durchzieht auch unsere gegenwärtige Kirchengeschichte, genauso wie dieser antichristliche Kampf die Gemeinde in Thyatira bedrängt hat.

sagt wird, der Herr werde 7000 in Israel übriglassen, alle die, die ihre Knie nicht vor Baal gebeugt haben (1. Kö 19, 18), so wird doch die religiöse Katastrophe deutlich. König und Volk waren sich dabei kaum bewußt, daß Jahwe, der Herr Israels, einerseits und Baal und Aschera andererseits unvereinbar sind. Sie waren davon durchdrungen, daß Gottes Ehre nicht angetastet werde.[6]

Es geht nicht um eine – wie man es heute formulieren würde – »Ökumene der Religionen«, sondern um ein unüberbrückbares »Entweder-Oder«. Es geht um Lüge oder Wahrheit, um Gott oder Abgott, um Gott oder Satan! Der einsame Kampf des Propheten Elia macht das unübersehbar deutlich. Wird er am Bach Krith auf *Befehl* Gottes von Raben gespeist, wird das Mehl im Kad bei der Witwe von Zarpath oder Sarepta nicht verzehrt, weckt er deren Sohn von den Toten auf, wird er auf langer Wüstenwanderung von einem Engel des Herrn getränkt, dann will diese großartige Überlieferung deutlich machen, daß es nicht Naturkräfte sind, nicht die Heilige

---

[6] Das Götterpaar Baal und Aschera repräsentieren je zwei Prinzipien innerhalb der Gottheit: Baal das männliche Prinzip und Aschera das weibliche. Erst in ihrer polaren Zusammengehörigkeit sei die Gottheit eine Ganzheit, so wie Himmel und Erde sich in der heiligen Hochzeit vereinen, so wie Mann und Weib erst im geschlechtlichen Verschmelzen ganz und glücklich werden. Gilt diese polare und doch zusammengehörende Spannung nicht überall in der Welt, bei Pflanzen und Tieren, bei Saat und Ernte, bei Geburt und Tod, bei Ja und Nein und der Überwindung in einem größeren Dritten, etwa entsprechend dem hinduistischen Yin und Yang?! In dieser klugen Dialektik wird die Göttervielfalt nicht mehr als Problem empfunden, weil die verschiedenen Götter nur jeweils verschiedene Darstellungen des *einen* mannweiblichen Grundprinzips sind, »das die Welt im Innersten zusammenhält« (vgl. Goethes Faust). Nur Borniertheit oder Böswilligkeit reiße hier auseinander und zerstöre die natürliche göttliche Einheit des Kosmos. Dies erklärt auch die Unerbittlichkeit, mit der Ahab und Isebel Gottes Propheten haben erwürgen lassen (1. Kö 18, 13 und 19, 14), und den Haß, mit dem sie den Propheten Elia fast zu Tode hetzten (1. Kö 19).
Die biblische Überlieferung läßt am Karmel den Propheten gegen die Baalspriester »eifern«. An der Unerbittlichkeit, mit der Elia auf Isebels Mord antwortet, wird die tiefe Unvereinbarkeit zwischen Baal und Aschera auf der einen und Gott, dem Herrn, auf der anderen Seite deutlich.

Hochzeit von Baal und Aschera, die die Welt erhalten, die Mehl und Brot und Wasser spenden. Es ist der *Befehl* des Herrn, der Elia am Leben erhält und Regen übers Land ziehen läßt. Sein Wort erhält die Welt! Sein Wort ruft ins Leben und gebietet dem Tod. Der biblische Gott ist keine stumme Naturkraft, sondern er hat das Wort bei sich. Er ist nicht selber göttliche Natur (wie es auch wieder in der Moderne gesehen wird), sondern der Kosmos lebt aus seinem Wort. Rufend steht er uns in der Welt gegenüber. Die Naturkräfte – auch die geschlechtliche Polarität – sind nur *Diener*, die seinem Wink gehorchen.

Am großartigsten wird das in jener Erzählung dargestellt, als sich Elia vor Isebels Zugriff in einer Höhle am Sinai, am Gottesberg, versteckt. Das Wort des Herrn kommt zu Elia und fragt ihn und stärkt ihn. Ein Sturmwind umtobt dann den Berg, und ein Erdbeben erschüttert den Berg, und Feuer umloht den Berg. Aber immer wieder, in stereotypischer Regelmäßigkeit, damit es sich dem Propheten und uns unvergeßlich einprägt: Der Herr aber war nicht im Wind, nicht im Erdbeben, nicht im Feuer (1. Kö 19, 9–12). Mit keiner dieser Naturkräfte ist Gott identisch, und keine dieser Naturkräfte ist göttlich oder ein Teil der Gottheit. Erst in der »kol demamah«, in der »Stimme verschwebenden Schweigens«,[7] erst wenn alle Kräfte des Himmels und der Erde schweigen und verstummen müssen vor Gottes Herrlichkeit, erst dann redet Gott; erst dann offenbart er sich in Gericht und Gnade, im Gericht über das abgefallene Volk und in Gnade gegenüber denen, die Seiner Treue die Treue gehalten haben.

Dieser ganz gewaltige Konflikt macht aber zugleich auch die gefährliche Anziehungskraft dieser heidnischen Religiosität deutlich, die durch die Gestalt dieser Königin Isebel repräsentiert wurde. Geburt und Tod, Zeugung und Gebären, Mannsein und Frausein, die Polarität der Geschlechter und ihr rauschhaftes Verschmelzen können leicht als etwas »Göttliches« empfunden werden. Vor allem aber kann der Mensch sich in diesen Kräften selber als Teil dieser »göttlichen Ur-

---

[7] So pflegte Prof. Balla in Marburg einst zu übersetzen; Luther: »stilles, sanftes Sausen«; 1. Kor 19, 12.

kräfte« entdecken. Der Mensch weiß und erkennt sich darin selber als Gott. In dem Ringen Elias mit jener Königin Isebel kommt ein Urkonflikt zwischen dem wahren Gott und den Göttern menschlicher Selbsttäuschung und Selbstüberhebung zum Ausdruck. In einen solchen Urkonflikt wird auch die Gemeinde von Thyatira in anderen Zeitumständen, in veränderten Verhältnissen und Fragestellungen hineingerissen und wird ihr »Isebel« zur großen Versuchung, der es zu wehren gilt.

Exkurs: Die Gnosis und das mann-weibliche Prinzip
Wir sind heute in der glücklichen Lage, uns annähernd das geistige Klima vergegenwärtigen zu können, in dem die christlichen Gemeinden jener Zeit lebten. 1975 fand man in Nag Hammadi in Oberägypten eine Fülle von Schriften einer christlichen Randgruppe, die man gerne als »gnostisch« charakterisiert. Ungefähr 60 Bücher wurden zutage gefördert.[8] Unter diesen Handschriften befanden sich unter anderem ein Thomas- und Philippus-Evangelium, ein »Apokryphon« des Johannes, ein Ägypter-Evangelium, ein Evangelium der Wahrheit, eine Paulus- und eine Petrusapokalypse. Eine buntschillernde und eigenartige Geisteswelt tritt uns in diesen Schriften entgegen. Da taucht zum Beispiel die Stimme einer weiblichen göttlichen Kraft auf. In feierlich erhabenen Worten spricht diese weibliche Gottheit:
Ich bin nämlich die Erste und die Letzte
Ich bin die Geehrte und die Verachtete
Ich bin die Dirne und die Ehrbare
Ich bin Frau und Jungfrau ...
Ich bin die Unfruchtbare und doch Kinderreiche ...
Ich bin das Schweigen, das unfaßbare ...
Ich bin das Sprechen meines Namens.
Auffallend ist die Nachahmung der »Ich-bin-Worte« Jesu Christi im kanonischen Johannes-Evangelium. Bezeichnend sind auch die

---

[8] Nicht zu verwechseln mit den Handschriftenfunden in den Höhlen von Qumran am Toten Meer, obwohl auch diese Schriften gewisse verwandte Züge mit denen von Nag Hammadi aufweisen; vgl. »Apokalyptik«, herausgegeben von Klaus Koch, Wissenschaftliche Buchgesellschaft Darmstadt, Wege der Forschung CCCLXV, 1982, S. 8 ff.

[9] Zitiert nach Elaine Pagels: Versuchung durch Erkenntnis, Insel-Verlag, Frankfurt/Main 1981, S. 13.

Polaritäten, die diese weibliche Gottheit charakterisieren: Die Dirne und die Ehrbare, Frau und Jungfrau, Unfruchtbare und Kinderreiche. Die Gnosis, die Erkenntnis, die daraus spricht, erhebt das Weibliche überhaupt in den Rang des Göttlichen. Im Vollzug dieser Erkenntnis, dieser Gnosis, wird der oder die Erkenntnis selber ihrer Göttlichkeit inne: »Ich bin die Sprecherin meines Namens.« Es ist nur folgerichtig, daß viele Texte von Nag Hammadi Gott als eine Zweiheit schildern, die beides in sich vereinen: das Weibliche und das Männliche.

In einer angeblich geheimen Tradition, die Maria Magdalena (?) von Jesus erhalten haben soll, wird zu Gott-Vater und zu Gott-Mutter gebetet: »Von dir, Vater, und durch dich, Mutter, die zwei unsterblichen Namen, der Welten Eltern, Himmelsbürger, hochgepriesener Mensch ...«[10] *In ungeschminkter Direktheit wird hier der Mensch in seiner Zweiheit von Mann und Weib, von Vater und Mutter, vergöttlicht: »hochgepriesener Mensch!« Dieses »Vater- und Mutterunser« ist im Grunde die Selbstanbetung des Menschen!*

In einem anderen Hammadi-Text in der sog. »Dreigestaltigen Protennoia (= dreigestaltiger erster Gedanke) erklärt eine göttliche Stimme: »Ich bin mannweiblich. (Ich bin Mutter) und Vater, da ich mich mit mir selbst (vereine) ... (und mit denen, die) mich (lieben) ... Ich bin der Schoß, (der) dem All Gewalt verleiht ... Ich bin Meirothea, die Herrlichkeit der Mutter.«[11] *In der Selbstvereinigung der beiden göttlichen Kräfte findet der Mensch sich selbst, in sich selbst und durch sich selbst. Diese Einheit wird zum gebärenden Schoß des Universums. Die Gewalt dieser mannweiblichen Kraft setzt unsterbliches Leben. Wiederum werden Naturkräfte vergöttlicht und erkennt sich der Mensch als göttlicher Teil dieser Kräfte.*

Zwar ist die genaue Datierung der Nag Hammadi-Texte unter den Gelehrten umstritten. Die Handschriften selbst dürften wohl um 350–400 n. Chr. angefertigt worden sein. Die ursprünglichen Texte (nicht die Handschriften) dürften zwischen 120 und 150 n. Chr. entstanden sein. Gewiß sind die Sieben Sendschreiben der Offenbarung des Johannes älter. Aber die geistige Welt, die religiösen Anschauungen, die sich in den Nag Hammadi-Texten widerspiegeln, dürften bis in die Zeit des Sendschreibens nach Thyatira zurück-

---

[10] Zitiert nach E. Pagels, S. 95.
[11] Zitiert nach E. Pagels, S. 101.

reichen. Solche Ideen haben eine lange, oft verborgene Vorgeschichte, so daß jene »Isebel« von Thyatira und ihr Anhang durchaus aus dieser »Gnosis«, aus dieser »Erkenntnis«, der mannweiblichen Göttlichkeit geschöpft haben.
Von dorther erklärte sich auch der Anspruch der »Isebel« von Thyatira, eine »Prophetin« zu sein. Nicht nur, daß man sich auf »geheime Überlieferungen« berief, aus dem eigenen Selbst konnte man »neue« Erkenntnis vermitteln und sich auf Eingebungen berufen, die aus dem eigenen angeblich göttlichen Urgrund aufsteigen. Mit aller Leidenschaft wendet sich das nach Thyatira gerichtete Sendschreiben gegen derlei Eingebungen, Gesichte, Träume und Erkenntnisse und nennt sie die »Tiefen des Satans«. Nach Lohmeyer (S. 29) handelt es sich um »wörtliche Wiedergabe eines kursierenden Schlagwortes«.

Die Anhänger der Isebel vermessen sich sogar, die Abgründe des Satanischen ergründen zu können, da sie doch Pneumatiker seien, d. h. geistliche Menschen. Oder – so Lohmeyer – der Seher der Offenbarung redet hier in äußerster Schärfe von den Tiefen des Satans, weil jene Sekte in Wahrheit nicht die Tiefen der Gottheit erforscht, sondern in die Abgründe des Satanischen gerät. Beide Deutungsmöglichkeiten schließen sich nicht aus. Auffallend ist nämlich, daß eine ganze Reihe von gnostischen Sekten vom »Bythos« redet, d. h. vom Abgrund, von der Tiefe.[12]

---

[12] Irenäus von Lyon z. B. erwähnt, daß die Sekte der Valentinianer den »Bythos«, den Abgrund, sogar einen »Aion« nennt, ein ewiges unveränderliches Sein. Deshalb nennen sie den Bythos auch »Uranfang« und »Urvater« (Irenäus: ad. haer. I, 1). Aus diesem Urgrund gehen alle geistlichen und schließlich materiellen Wesenheiten hervor. Oft wird angenommen, der Bythos habe seinen Samen in die »Sige«, das ewige Schweigen, hinabgesenkt und so das Werden in Gang gesetzt. Im Urgrund freilich waren Licht und Dunkel, Gut und Böse noch ungetrennt und ungeschieden, so daß auch Gott und Satan noch ineinander waren. Der Werdeprozeß, der durch diese ewige Zeugung beginnt, wird als Kreislauf begriffen, von dem wir uns mitnehmen lassen müssen, um von Erkenntnis zu Erkenntnis aufsteigend zurückkehren zu können in den ewigen Ursprung, in dem Gott und Satan noch ungeschieden ineinander ruhen. »In diesem Kreislauf des Werdens und unter dem Zwange der Dialektik, die von gut zu böse

Aus dieser Sicht wird das Böse nur durch Böses überwunden. Das erkläre auch am ungezwungensten den Vorwurf, jene Isebel verführe zu Hurerei und Götzendienst, der ja Ausdruck dieser uralten religiösen Traditionen war. Zugleich aber wird historisch verständlich, daß in diesen gnostisierenden Gemeinden die Frau wie selbstverständlich auch Leiterin des Gottesdienstes, Prophetin oder Bischöfin sein konnte. Repräsentierte sie doch als Frau die eine Seite der angeblich in Gott existierenden Polarität des Männlichen und Weiblichen. Von hier aus wird auch verständlich, warum die werdende rechtgläubige Kirche die Frau im Amt verwarf. Die paulinische Anordnung »Laßt eure Frauen schweigen in der Gemeinde« (1. Kor 13, 34; 1. Tim 2, 12) mag hier seinen Sitz im Leben haben. Es bedarf keiner Repräsentation des Weiblichen in der Gottheit durch eine Presbyterin oder Bischöfin, weil der Gott der biblischen Offenbarung nicht eine Zweiheit von Femininem und Maskulinem ist.

Gott als Vater Jesu Christi und als unser Vater ist jenseits von männlich und weiblich. Gott als der »Ich werde sein, der ich sein werde« wird als der Treue und Zuverlässige begriffen, der Wort hält. Gott wird nicht in der Dualität zweier Urkräfte erfahren, sondern in seinem verheißenden und zuverlässigen Wort. Jesus hat den alttestamentlichen Gottesnamen in genialer Weise wiedergegeben, indem er uns – gewiß im Anschluß an alttestamentliche Traditionen – zu beten ermächtigte: »Vater unser ...« Der Vatername ist eben nicht primär geschlechtlich geprägt! Der zeugende Mann ist dadurch noch nicht Vater. Vater wird er erst durch Treue, Fürsorge, bergendes Einstehen für die ihm Anvertrauten!

Deshalb hat alle Vaterschaft auf Erden (alle patria) ihren Namen von dem Vater im Himmel (Eph 3, 15). Er, der treue Gott, der sich in seinem Wort versprochen hat, *er* ist das Urbild aller

---

und von böse zu gut fortschreiten muß, ist die Setzung des bösen Weltgottes eine Denknotwendigkeit« (Hans Leisegang: Die Gnosis, Kröner-Verlag, Stuttgart 1955, S. 103). Das Satanische, das abgründig Böse, ist gleichsam eine der Antriebskräfte, die notwendig sind, damit der Gang des Werdens und die Erlösung überhaupt in Bewegung kommen.

Vaterschaft und nicht, wie der damalige und heutige Feminismus meint, umgekehrt.

Mit einer Unterdrückung der Frau – wie heute immer wieder von der neuen feministischen Bewegung behauptet wird – hat das alles nichts zu tun. Im Gegenteil! Die Frau wird durch das Vaterbild Gottes gerade von der ungeheuren Last befreit, »Isebel« sein zu müssen, Vermittlerin von göttlichen Kräften. In Wahrheit stürzt das die Frau gerade in sexuelle Hörigkeit, die sich als Freiheit ausgibt und oft genug die Frau zum Sexualobjekt degradiert. Der Sinn des Lebens wird dann nur noch in sexueller Erfüllung gesucht. Deshalb wird hier in diesem Sendschreiben das harte Urteil der Hurerei gefällt! Im Sendschreiben wird deshalb auch angekündigt, daß Isebel und ihr ehebrecherischer Anhang auf ein »Bett« geworfen werden und »Trübsal« leiden müssen. Das Lotter- und Lustbett des falschen Götzendienstes wird zum Gericht.[13] So wie jene historische Isebel um ihres Götzendienstes willen schließlich aus dem Fenster des Königspalastes gestürzt wird und Hunde ihren Leib zerfleischen (2. Kö 9, 30–37), so ergeht Gottes Gericht über jedweden falschen Götzendienst.

Dies gilt insbesondere für alle Arten Synkretismus (Religionsmischung), der Gott, den Herrn, auch in anderen Gottesvorstellungen wiederfinden will. Das Charakteristische etwa am Stierbild (goldenes Kalb), dem Israel huldigt (2. Mose 32), ist die Tatsache, daß man im kanaanischen Stierbild Gottes Kraft repräsentiert sah. Dies hätte entweder zu einer »baalisierten Jahwereligion« geführt oder zu einer »jahwistisch getönten Baalsreligion«.[14] Diese Zwei- oder Vieldeutigkeit raubt aber dem Wort Gottes alle Vollmacht und überläßt den Menschen wieder seinen Ängsten, seinen Verzweiflungen, reißt ihn fort zu unkontrollierten Leidenschaften, stürzt letztendlich ganze Völker ins Verderben. Dieser verführerische Synkretismus erklärt, warum unter jener israelitisch-syrischen Isebel die Einführung des Baalkultes fast gelungen wäre, warum in Thyatira jene Isebel solchen Widerhall finden konnte und warum heute

---

[13] Vgl. Bousset, S. 219.
[14] So Georg Fohrer: Geschichte der israelitischen Religion, Herder-Spektrum 1992, S. 124.

jene sog. feministische Theologie in Kirche und Gemeinden einbricht.[15]

Die dringliche Mahnung des Sendschreibens nach Thyatira will der Gemeinde nicht die »Erkenntnis höherer Welten« vermitteln, wie sie heute wieder Antroposophie und Esoterik versprechen. Das alles sind nur Ausflüchte, ein Ausweichen! Wie weiland Adam und Eva versteckt man sich hinter den Büschen und Bäumen im Garten Eden (1. Mose 3, 8 ff.). Man will Gott nicht »nackt«, nicht unverstellt, begegnen, sonst würde unsere ganze »Nacktheit« offenbar. Schuld, Versagen und Sünde lassen sich nicht mehr verbergen, wenn Seine Augen mich bis in die letzten Abgründe meiner Seele durchschauen; denn Er hat »meine Nieren bereitet, mein Gebein war ihm nicht verholen, und Seine Augen sahen mich, da ich noch unbereitet war«, heißt's im 139. Psalm (V 13–16). Oft bezeichnen die Nieren im AT »gewisse geistige Vorgänge als Ausfluß des innersten Wesens«.[16] Die Nieren werden zum Sinnbild für die letzten Tiefen des Menschseins, das nur der Schöpfer selbst prüfen kann (Ps 7, 10). Wiederum geht es um die Aufgedecktheit unseres Menschseins vor Gott. Nicht wir prüfen Gott, sondern er prüft uns; und indem er uns prüft, gibt er uns noch »Zeit zur Buße«.

Jene Isebel aber in Thyatira beharrt in ihrer »Hurerei«. Sie besteht weiter auf ihrer esoterischen Freiheitslehre, die kraft der Erkenntnis (Gnosis) alles erlaubt. Das Beharren aber kann zur Verstockung werden, die nur noch Gericht und Verwerfung erfährt. Vergolten wird freilich nach unseren Werken; nicht weil unsere Werke in irgendeiner Weise verdienstlich sein könnten, sondern weil unsere Werke die nach außen gewendete Seite unseres inneren Wesens sind. Herrscht Gottes Geist in uns, so

---

[15] Es ist z. B. bezeichnend, daß der Jesus jener o. g. Nag Hammadi-Texte »von Trugbildern und Erleuchtung« spricht und nicht wie der Jesus des Neuen Testamentes von Sünde und Reue. Nicht um uns von der Sünde zu erlösen, kommt er, sondern als ein Führer, der den Zugang zu göttlichem Verstehen eröffnet (E. Pagels, S. 16). Buße, Reue, Umkehr haben es vor allem mit Schuld und Sündenerkenntnis zu tun. Das erschrockene Gewissen flieht hin zu Gott, dem wahren Gott, und erbittet seine Vergebung.

[16] Vgl. W. Eichrodt: Theologie des AT, Göttingen 1954, Teil 2/3, S. 95.

werden die Früchte unseres Lebens, unsere Werke, dem Geist Gottes entspringen. Sie werden gottgemäß sein; denn nur Gottes Geist erforscht die Tiefen der Gottheit (1. Kor 1, 10 f.), nicht aber unsere Erkenntnis, wie jene Esoteriker und Häretiker meinen. Die Früchte des Geistes jedoch sind: Liebe, Freude, Friede, Geduld, Freundlichkeit, Gütigkeit, Glaube, Sanftmut, Keuschheit. Die in den Kreisen der Isebel herrschende Freizügigkeit, die sich in Hurerei und Götzenopfer auslebt, entspricht gerade nicht dem Geist aus Gott, sondern einem satanischen Geist, der nur um sich selbst kreist. Gottes Geist will dagegen diese teuflische Selbstumkreisung aufbrechen. Die Zeit der Buße ist deshalb Gnadenzeit. Aber diese Zeit verstreicht, und mit der Zeit der Buße verstreicht auch die Gnade. »Darum fahre keiner so sicher dahin, sondern wende die Frist, die ihm verliehen wird, dazu an, daß er vom Bösen ablasse und hingegen in dem Guten etwas ausrichte, dem Herrn Jesus zulieb.«[17]
Überblickt man bis hierher das Sendschreiben nach Thyatira, so wird deutlich, daß die dortige Gemeinde durch innere Versuchungen schwer bedrängt war. Der Geist des Antichristus ist in ihr wirksam. Die häretischen Gruppierungen rühmen sich eines anderen, eines angeblich verbesserten, vertieften Evangeliums, das vermeintlich mehr Freiheit bringt, in Wahrheit aber den Menschen neue Lasten auferlegt. Die sexuelle Freizügigkeit, die Ekstase, die im Kult erlebt wird, all die phantastischen Spekulationen können die Lasten nicht aufwiegen, die diese Gnostiker im Gefolge dieser neuen Isebel auf sich nehmen müssen. In all diesen gnostischen Kreisen war die Beachtung bestimmter Speisegebote und -verbote üblich. Man hatte sich in die »Weltelemente« einzufügen und hatte Monatszyklen und Mondumgänge, Planetenstellungen und Sternkonstellationen zu beachten.
Demgegenüber war die »Last«, die einst das Apostelkonzil den heidenchristlichen Gemeinden auferlegt hatte, eine kleine und leichte Last: sich des Götzenopfers zu enthalten, von Blut und vom Erstickten und von Hurerei.[18] Diese Lasten werden

---

[17] Bengel, S. 69.
[18] Gerade auch von jener im Heidentum üblichen kultischen Prostitution; vgl. Apg 15, 28 ff.

aus Liebe zu den Brüdern getragen. Sie entsprechen dem sanften Joch und der leichten Last Christi (Matth 11, 30). Diese Last kann getragen werden in der Kraft der Liebe Christi, der uns geliebt hat. Die Gewißheit seiner Liebe macht Lasten, die aus Liebe zu den Brüdern getragen werden, leicht.

Die Last der Gnosis indes, die Last vermeintlicher Freiheit, wird zum drückenden Fluch, weil der, der die Tiefen des Satans ergründet, sich selbst und seiner Erkenntnis überlassen bleibt. Diese Erkenntnis bürdet ihm die ganze Last der Selbsterlösung auf, mit der er doch nie zum Ziel kommt. Deshalb ist es ermutigend für die angefochtene Gemeinde, daß ihr keine weitere Last auferlegt wird (V 24). Was sie hat, das soll sie halten (V 25). Anvertraut ist ihr das Evangelium vom gekreuzigten Christus. Dieser Christus weist nicht in die Erkenntnis höherer Welten ein, sondern er ist Gottes Lamm, dem unsere Sünden aufgebürdet sind. In der Gemeinschaft dieses Christus können die Gemeinde und die Werke der Liebe Christi bis ans Ende halten. Die »Werke Christi« werden inhaltlich durch die Zehn Gebote umschrieben. In Gottes- und Nächstenliebe umfassen sie ein ganzes Christenleben. In der Kraft des Geistes Christi werden sie gelebt. Dort aber, wo wir versagen, weil das Adams-Wesen uns immer noch anklebt, dort werden wir nicht damit beschwichtigt, das sei alles unwichtig, zweitrangig und berühre nicht unser eigentlich göttliches Ich, sondern wir fliehen zu Christus, legen ihm unser Versagen zu Füßen. Er deckt unser Versagen und die Sünde, die uns in dieser Zeit immer noch anhaftet, mit seiner Vergebung zu und versenkt sie in den Abgrund seiner Liebe.

In diesem Sinne wird den Christen »Macht« (V 26) gegeben über die Heiden. Das ist weder christlicher Hochmut noch klerikaler Herrschaftsanspruch, sondern diese »Macht« der Christen findet in der Bergpredigt Jesu ihren befreienden Ausdruck:

»Selig sind die Sanftmütigen, denn sie werden das Erdreich besitzen.
Selig sind die Barmherzigen, denn sie werden Barmherzigkeit erlangen.
Selig sind die Friedfertigen, denn sie werden Gottes Kinder heißen.« (Matth 5, 5. 7. 9)

Diesem Sanftmut scheint allerdings das Folgende zu widersprechen: »Er soll sie weiden mit einem eisernen Stabe, und wie die Gefäße eines Töpfers soll er sie zerschmeißen.« Doch im Zusammenhang alttestamentlicher Überlieferung darf unter dem eisernen Stab keine irdische Waffe verstanden werden, sondern das Wort Gottes, der Stab aus Seinem, aus Gottes, Mund. In der messianischen Ankündigung vom Zweig aus Jesses Stamm (Jes 11, 1 ff.) wird ausdrücklich gesagt, daß der siebenfältige Geist auf diesem Sproß ruht und daß er mit dem Stab seines Mundes die Erde schlägt (Jes 11, 4)! D. h. aber, daß sein Wort nicht leer zurückkommt. »Eisern« wird der Stab genannt, weil er steinerne Herzen zertrümmert und die Wüste toter Seelen lebendig machen kann. Dasselbe Wort der Verheißung ist uns auch Stecken und Stab, daß wir getrost auch durch finstere Todesschattentäler gehen können (Ps 23).

»Wiederum muß man (also) die fleischlichen Vorstellungen von sich tun, damit sich niemand einbilde, das Reich Christi werde mit Schwert und Waffen ausgerichtet und erhalten ... Unsere Waffen sind nicht fleischlich (2. Kor 10, 4) ... Das Reich Christi steht in Gerechtigkeit, Wahrheit und Frieden; durch diese ist es aufgerichtet, durch diese wird es auch erhalten ... Denn da das Wort Christi ein Wort des Heiles und des Friedens, ein Wort des Lebens und der Gnade ist, und dieses nicht im Fleische, sondern im Geiste wirksam ist, so muß es notwendigerweise das Heil, den Frieden, das Leben, die *Gunst des Fleisches* unterdrücken und austreiben.«[19] Er tötet so durch den Stab seines Mundes allen Hochmut, jedwede Selbstgerechtigkeit und rottet Haß, Neid, Gier, Rachgierigkeit, Hurerei, Stolz, Gemeinheit und alle Laster aus, mit denen wir uns das Leben zur Hölle machen. Dort, wo das Evangelium verkündigt wird, ist auch das heilige Gesetz auf dem Plan und reißt aus und schneidet tief in Herz, Seele, Gemüt und Gewissen, aber nicht um zu töten, sondern um zu heilen. So ist seit Christi Auferstehung ein weltweiter Kampf entbrannt, der Kampf zwischen dem Satan und dem Antichristen und ihrem Heer auf der einen Seite und Christus und seinem Heer, d. h. seinen Predigern, seinen Betern und Bekennern, auf der ande-

---

[19] M. Luther, Walch'sche Ausgabe, Bd. IV, Sp. 280.

ren Seite. Die Schlacht tobt um unsere Seelen *und* Leiber, darum, wem wir dereinst mit Leib und Seele angehören werden. Auch da, wo Christi Reich scheinbar Niederlagen erleidet und die Welt, die Ideologen, die Philosophen, die Mächtigen oder die »Partei« triumphieren, da besiegelt ihr Nein nur die Niederlage des Unglaubens, denn wer nicht glaubt, der *ist* schon gerichtet (Joh 3, 18)!
Der Gemeinde der Glaubenden wird endlich der »Morgenstern« verheißen. Seit den Tagen der alten Babylonier – ihnen verdanken wir ja wesentliche Elemente von Astrologie und Astronomie – galt der Planet Venus, der Morgenstern, als Symbol der Herrschaft. »So könnte der Stern als sichtbares Zeichen der Völkerherrschaft betrachtet werden«.[20] Doch wir dürfen nicht verkennen, daß in biblischer Überlieferung diese Bedeutung des Morgensterns zwar nicht geleugnet, aber vertieft wird. Vor allem sind der Morgenstern und das ihn umgebende Sternenheer keine Gottheiten mehr. Als der vielfach geschlagene Hiob mit Gott hadern und rechnen will, ja an Gottes Gerechtigkeit zu verzweifeln droht, da stellt ihn Gott zur Rede: »Wo warst du, da ich die Erde gründete? Sage an, bist du so klug! Weißt du, wer ihr das Maß gesetzt hat …? Oder wer hat ihr einen Eckstein gelegt, da mich die Morgensterne miteinander lobten?« (Hiob 38, 4–7).
Die Sterne sind keine göttlichen Kräfte, sondern in all ihrer Gewaltigkeit Gottes Geschöpfe, so wie wir seine Geschöpfe sind. Der Prophet Jesaia besingt deshalb in einem Triumph- und Trauerlied den Sturz des sich selbstvergötternden Babylon: »Wie bist du vom Himmel gefallen, du schöner Morgenstern!« (Jes 14, 12). Doch der heidnische Zauberer und Wahrsager Bileam ist gezwungen, den Aufgang eines Sternes aus Jakob anzukündigen (4. Mose 24, 17); den König Israels, den Gesalbten des Herrn. Der 2. Petrusbrief gar sieht nach dem Kommen Christi, nach seinem Tod und seiner Auferstehung dieses Wort erfüllt. Stürzen wie Babylon wird jeder Mensch, jeder Mächtige, der zu schwindelnden Götterhöhen aufsteigen will. Doch der Sohn, der vom Vater ausging, sich erniedrigte und gehorsam wurde bis zum Tod am Kreuz, der ist be-

---

[20] Lohmeyer, S. 30.

reits im Aufgang. Der Tag bricht an, der Tag, der bis in die Ewigkeit reicht. Christus, der Morgenstern, scheint durch Wort und Glaube bereits in unseren Herzen auf (2. Petr 1, 19)! Es ist dies der Vorschein der Ewigkeit. An jenem Tag aber wird er, dieser Morgenstern, weder untergehen noch verblassen. Er wird über unseren Häuptern stehen, und wir werden bei ihm sein allezeit. Ewigkeit! Erfülltes Leben!

»Wer Ohren hat, der höre, was der Geist den Gemeinden sagt.«

Sardes
(Offb 3, 1–6)

¹ Und dem Engel der Gemeinde in Sardes schreibe: Das sagt, der sieben Geister Gottes hat und die sieben Sterne: Ich kenne deine Werke: Du hast den Namen, daß du lebst, und bist tot.
² Werde wach und stärke das andre, das sterben will, denn ich habe deine Werke nicht als vollkommen befunden vor meinem Gott.
³ So denke nun daran, wie du empfangen und gehört hast, und halte es fest und tue Buße! Wenn du aber nicht wachen wirst, werde ich kommen wie ein Dieb, und du wirst nicht wissen, zu welcher Stunde ich über dich kommen werde.
⁴ Aber du hast einige in Sardes, die ihre Kleider nicht besudelt haben; die werden mit mir einhergehen in weißen Kleidern, denn sie sind's wert.
⁵ Wer überwindet, der soll mit weißen Kleidern angetan werden, und ich werde seinen Namen nicht austilgen aus dem Buch des Lebens, und ich will seinen Namen bekennen vor meinem Vater und vor seinen Engeln.
⁶ Wer Ohren hat, der höre, was der Geist den Gemeinden sagt!

Sardes war einst die Hauptstadt eines nicht unbedeutenden und sehr wohlhabenden Reiches. Die Geschichte des lydischen Landes verliert sich im Dämmer der Vorzeit. Erste greifbare geschichtliche Gestalt Lydiens ist der noch in Sage und Mythe tief eingebettete König Gyges, der über einen Zauberring verfügt haben soll, mit dem er seine Widersacher unsichtbar machen konnte. Die Nachfolger dieses Königs Gyges dehnten das Reich bis an die Westküste Anatoliens aus und beherrschten die dort bestehenden griechischen Kolonien. Nach Osten hin gelang es lydischen Königen, das Reich bis an den Halys-Fluß vorzuschieben. Der wohl bekannteste und berühmteste Herrscher Lydiens war der sehr reiche Krösus (griech. Kroisos). Aber auch die Gestalt des Krösus ist von mancherlei Sagen umrankt. Sein Reichtum wurde sprichwörtlich. Quellen dieses Reichtums waren große Gold- und Silbervorkommen sowie ein lebhafter Handel und eine für die damalige Zeit nicht unbedeutende Wollwarenindustrie. Krösus wurde aber nicht nur wegen seines Reichtums bei den Griechen berühmt. Er verstand es, sich auch großes Ansehen zu verschaffen, weil er gesamtgriechischen Heiligtümern wie Ephesus und Delphi reiche Opfergaben spendete. 546 vor Christus wurde Krösus von dem Perserkönig Kyros besiegt. Vorausgegangen war eine Gesandtschaft nahe Delphi, durch die er beim Orakel von Delphi sich nach den Aussichten seines geplanten Feldzuges erkundigte. Die Pythia soll ihm geantwortet haben: »Überschreite den Halys, und du wirst ein großes Reich zerstören.« Krösus deutete den Rätselspruch auf das große persische Reich, griff an, überschritt den Halys und – zerstörte sein eigenes Reich, das nun als Satrapie dem Perserreich einverleibt wurde.

Die von Phöbus Apollon, dem Sonnengott, in der Ekstase ergriffene Pythia hatte mit rasendem, stammelndem Mund wahrgesprochen. Für einen Augenblick war die Decke gelüftet worden, die sonst die unentwirrbaren Schicksalsfäden verhüllt. Im Wahrspruch der Priesterin lebte und webte das Geheimnis der Welt. In Apollon, der durch die Pythia spricht, verdichtet und verobjektiviert sich gleichsam das leichte und klare Licht Griechenlands und des Mittelmeers. In diesem Gott erfuhr der Grieche Daseinserhellung und die Weitung seines Horizontes. Der Gott konnte aber auch unerbittlich sein weithintragendes Geschoß aus Licht zur Vernichtung der Ehrfurchtlosen und Hybriden einsetzen. Der Sichere, der Hochmütige wird gerichtet, wie dem Krösus widerfuhr.

»Der aufgeklärte und in der Aufklärung mündig gewordene Mensch hält Apollon wie jeden anderen Gott für einen Irrtum seiner Gläubigen, den Gott als eine Ausschwitzung menschlicher Ängste und Sehnsüchte, als eine Hervorbringung der lebhaften archaischen Phantasie ...«[1] *Doch in seiner Aufgeklärtheit mangelt ihm das tiefere Verstehen, das unter der Oberfläche des Daseins die Urkräfte des Seins erahnt. Apollon ist nicht einfach ein Hirngespinst menschlicher Phantasie, sondern ein Widerfahrnis, das jenen Krösus in sei-*

---

[1] Gerhard Nebel: Meergeborenes Land, Griechische Reisen, Hoffmann und Campe 1968, S. 17.

ner Hybris stürzt. Man könnte Apollon für eine »Maske« halten[2], *hinter der sich der ›Vater allen Lichtes« verbirgt, »bei welchem keine Veränderung noch Wechsel des Lichtes und der Finsternis ist« (Jak 1, 17). Wirft dieser wahre Gott, der »Vater des Lichtes«, die Maske ab, wird also Apollon als Maske, als Verhüllung, erkannt, dann wird die Göttermaske entbehrlich, weil Gott selbst sich uns als menschgewordene Liebe vorstellt und so unser Dasein erhellt. Jetzt ist es Christus, der sagen kann: »Ich bin das Licht der Welt« (Joh 8, 12) – und Apollon stirbt. Jetzt noch an ihm festhalten, hieße die Maske zum Götzen machen und Christus verleugnen.*
Der Gemeinde von Sardes hat sich der wahre Gott, das Licht der Welt, vorgestellt. Den übrigen Bewohnern von Sardes hat die christliche Gemeinde das voraus, daß sie die Maske von dem wahren Gott zu unterscheiden vermag, dessen Licht sie auf dem Antlitz des Gekreuzigten geschaut hat. Dieser Gekreuzigte erinnert hier in seinem Sendschreiben nach Sardes an diese neue Erkenntnis, die alle Erkenntnisse heidnischer Religiosität, aller griechischen Philosophen als vorläufig außer Kraft setzt. Griechische Götterverehrung verwechselt die Maske mit dem wahren Ebenbild, dem Sohn Gottes, der auch noch in seiner Erhöhung die Dornenkrone trägt. Griechische Philosophie ritzt zwar denkerisch die Oberfläche des Seins auf und findet doch nur die Macht der eigenen Gedanken. Christus dagegen hat nicht nur die »Seinstiefe« angeritzt, Christus hat alle Höllen durchschritten und die Pforten des Totenreiches ein für allemal aufgerissen. Das geschieht nicht durch Denken, sondern durch Erleiden, nicht im Übersteigen der eigenen menschlichen Möglichkeiten, sondern in der Demütigung durch die Erkenntnis unserer Sünde und unserer Verlorenheit. Das geschieht nicht in heroischer Tat, die das Schicksal zwingt, sondern durch Vertrauen und Gebet.

Christus stellt sich im fünften Sendschreiben der Gemeinde von Sardes vor als der Eine und Wahre: »Das sagt, der die sieben Geister Gottes hat und die sieben Sterne...« Die Maske ist gefallen und zerbrochen. Die sieben Sterne in der Hand Christi – es wurde schon verschiedentlich darauf hingewiesen – repräsentieren in Gestalt der sieben Planeten und der sieben Planetensphären das gesamte Universum von den äußeren

---

[2] Vgl. G. Nebel, S. 18.

Sonnen am Rande des Weltalles bis hin zum Atom, dem kleinsten Baustein der Materie. Das alles »lebt und webt« in ihm (Apg 17, 18). Alles wurde ins Dasein gerufen durch das Wort seines Mundes, und es wird bis heute getragen von seinem Wort. Nimmt er sein Wort zurück, so nimmt er auch die gesamte Schöpfung zurück, und das Ende aller Dinge ist da. Ahnten die Griechen dumpf und dunkel Schicksalsmächte, wußten sie sich verstrickt in das unentrinnbare Gewebe des Seins und des Schicksals, so wird das alles im Licht Christi zu letzter Klarheit erhoben. Nicht mehr Apollon, dem Sonnengott, und seiner Willkür sind wir ausgeliefert. Jetzt heißt es vielmehr: »Die Sonne, die mir lachet, ist mein Herr Jesus Christ ...« (Paul Gerhardt, 1653)! Wird aber ein *Krösus* gestürzt, dann nicht wegen des Neides der Götter – eine urheidnische Idee –, sondern weil der König, ein irdischer Machthaber, sich selbst zum Licht und Mittelpunkt seiner Welt erhob. Nicht ein gefühlloses Schicksal, das die Pythia ahnt, waltet über Leben und Geschichte, sondern der Herr, der den Planeten gebietet. Selbst seine Gerichte sind noch durchwaltet von seinem Erbarmen! Er demütigt, weil er uns wieder einsetzen will als Söhne und Töchter seines Vaters. Das ist unsere eigentliche Menschenwürde! Er stürzt, weil er uns an Seine Seite berufen will; und er tötet, damit wir mit ihm leben können. Nur in diesem »Widerspiel« (so Luther) übt Christus seine Herrschaft aus.

Christi Herrschaft aber darf mit keiner Theokratie verwechselt werden, wie sie etwa im römischen Kaiserkult zur Herrschaft kam. Der zum Gott erhobene Kaiser wird zum Mittelpunkt der Ökumene, des Weltkreises. Alles hat sich um diesen Mittelpunkt zu kristallisieren. Alles, was sich dieser ordnenden Gewalt nicht fügt, wird abgestoßen. Diese zentrale Stellung des Weltkaisers schloß eine weitherzige Toleranz nicht aus, sondern ein. Dem Mittelpunkt dieses kaiserlichen Weltkreises konnten sich mancherlei Götter und Mächte, religiöse Kulte und philosophische Ideen anlagern: Zeus genauso wie Ammon Ra, Baal ebensogut wie Wodan, Hera, Astarte oder Frigg. Wenn sie nur um dieses eine staatlich religiöse Zentrum kreisten. Das kaiserliche Schwert gebot über dieses zentrierte Weltsystem. In seinem Zentralismus entspricht die kaiserliche Herrschaft durchaus unseren modernen Weltanschauungsstaaten. Auch in der Moderne sammelt sich alles um eine einzige, alles ordnende Idee. Seit der französischen Revolution etwa kreist alles um die Idee der Volkssouveränität, der sich jeder zu fügen hat, oder man verfällt dem »Terreur« und der Guillotine. Die Klasse oder die Rasse können ebenso zu solchen Zentren werden wie die Nation oder die Idee der Gleichheit und der Emanzipation. So entsteht ein in sich geschlossenes, um den jeweiligen Mittelpunkt kreisendes System. Der Gruß »Heil Hitler« oder die leninistisch-marxistische Parole »Die Partei hat immer recht« entsprechen den »Weihrauchkörnern«, die man einst vor dem Bild eines römischen Caesaren in die Flammen streute. Die geschilderten Parolen, entsprechendes Grüßen oder typische Marschlieder sind die Weihrauchkörner unserer Zeit.

Aber dieser Zentralismus eines in sich geschlossenen Reiches, einer in sich geschlossenen Gesellschaft, wird durch die Erscheinung Jesu Christi aus den Angeln gehoben und aufgesprengt. Schon die alttestamentliche Botschaft von dem einen Gott, dem Schöpfer des Himmels und der Erde, war der fruchtbare Beginn einer Entgötterung der Welt. Das Bekenntnis zu dem einen Gott und Schöpfer macht Sonne und Mond, Planeten und alle Himmelsphären, macht Mächte, Throne, Herrschaften und alle in der Natur wirkenden Urkräfte zu Geschöpfen dieses einen Herrn. Das vollendet sich in der Erkenntnis, daß der gekreuzigte Christus in seiner Auferstehung alle diese »göttlichen« Mächte und Herrschaften entmachtet hat, daß er die sieben Sterne in seiner Hand hält. Alle diese Mächte und Herrschaften werden dem Christus »unter seine Füße gelegt« (1. Kor 15, 25). Sie können nur *dienende* Funktionen haben. Damit aber zerbricht das zentrale irdische Reich in seiner Totalität und Universalität. Ihm gegenüber tritt das Reich Christi!

Die so oft mißverstandene oder gar verteufelte Unterscheidung der beiden Reiche, des Reiches dieser Welt und des Reiches Christi, ist mit dem Kommen Christi gesetzt. Hier ist auch der Grund zu suchen, warum der Islam sich in aller Leidenschaft gegen Christus wendet. Jesus als Propheten anerkennen, das sprengt nicht das System. Jesus erhält sogar noch nach

Mohammed die höchsten prophetischen Ehren. Er ist *der* Vorläufer des Propheten schlechthin. Das Bekenntnis aber, daß dieser Jesus der Christus ist, der menschgewordene Gott, der uns erlöst von Hölle und Tod, das wird als unerträglich empfunden, weil das System radikal in Frage gestellt wird. Mit dem universalen Anspruch des Islam ist deshalb notwendigerweise das Gesetz verbunden, die »scharia«, die ein religiöses und weltliches Gesetz zugleich ist. Von einer Unterscheidung beider Reiche keine Spur! Der Islam als moderner Caesarismus!

Man muß sich das immer wieder verdeutlichen, um zu begreifen, daß das Reich Christi weder weltliche Herrschaft einschließt, noch durch Gesetz regiert wird. Das Reich Christi ist ein geistliches Reich! Es fordert weder Unterwerfung unter eine Zentralgewalt, noch belastet es uns mit »neuen« Gesetzen, die zum Heil, zur Sinnerfüllung des Daseins, notwendig seien. Christus wirft sein Leben auf die Waagschale der Welt und wirbt um Vertrauen. Im Vertrauen aber befreit er unsere Gewissen von Angst und von lähmender Hoffnungslosigkeit. Er zerbricht das Rad der Wiedergeburten, diesen Fluch eines endlosen Wanderns durch ungezählte Welten. Er erlöst vom Zwang, sich selbst erlösen zu müssen. »Es ist vollbracht!« lautet nach Johannes sein letztes Wort (Joh 19, 30)! Entmachtet ist die dumpfe Schicksalsangst, aufgebrochen ist der Zwang jener Selbsterlösung, befreit ist mein Gewissen von der Anklage aller Gesetze dieser Welt, und Christus hat den Tod unter seine Füße getreten.

Damit wird uns eine unerhörte, vor dem Glauben noch nie dagewesene Freiheit geschenkt. Sie äußert sich in der Kühnheit eines Petrus: »Man muß Gott mehr gehorchen als den Menschen« (Apg 5, 29) und in der Bereitschaft zum Martyrium, wenn's denn erforderlich sein wird. Aber den Caesar »räuchern« – er möge heißen wie er wolle, in welcher Gestalt auch immer er auftritt – das verbietet die uns von Christus geschenkte Freiheit, von dem es hier im Sendschreiben nach Sardes heißt: »... der die sieben Geister Gottes hat« (V 1). Wiederum weist die Siebenzahl auf die göttliche Vollkommenheit hin. Die sieben Geister Gottes repräsentieren den *einen* Heiligen Geist in seiner Fülle und in seiner Universalität.

Im Buch des Propheten Jesaja wird der künftige Messias als der mit dem Geist Gottes Gesalbte vorgestellt (Jes 61, 1 ff.). Waren die Könige aus dem Hause Davids »Gesalbte Gottes«, so waren sie in ihrer königlichen Würde nur ein »Vorspiel«! Mit dem Dornengekrönten hört das Vorspiel auf. Mit ihm bricht die Wahrheit und die Wirklichkeit Gottes in diese Welt hinein. Das irdische Leben Jesu *ist* Geist. Gottes Heiliger Geist manifestiert sich in ihm. Jetzt erfüllt sich, was Jesaja einst angekündigt hat. Auf diesen Gesalbten aus Isais Stamm ruht der Geist des Herrn, der Geist der Weisheit und des Verstandes, der Geist des Rates und der Stärke, der Geist der Erkenntnis und der Furcht des Herrn« (Jes 11, 2).

Der eine heilige Geist entfaltet sich in der »Siebenfalt« dieser verschiedenen Gaben. Diese »Sieben Geister« entspringen doch der einen Quelle der Gottheit. Wenn wenig später in der Johannesoffenbarung von den »sieben Geistern Gottes« gesagt wird, daß sie »in alle Lande gesandt« sind, so entspricht dies dem Befehl des erhöhten Herrn: »Darum gehet hin und lehret alle Völker ... und lehret sie halten alles, was ich euch befohlen habe.« Fügt dann der Herr noch die Verheißung hinzu: »Und siehe, ich bin bei euch alle Tage bis an der Welt Ende« (Matth 28, 19–20), dann wird daran nicht nur die Universalität des Evangeliums deutlich, sondern auch, daß der Herr in der Kraft des Heiligen Geistes in seiner Gemeinde gegenwärtig ist; denn »der Herr ist der Geist« (2. Kor 3, 17).

Die sieben Geister »gesandt in alle Lande« besagen, daß die Gemeinde Christi an keinem Ort der Erde und zu keiner Zeit ohne die Gegenwart ihres Herrn ist. Die Siebenfalt des einen Heiligen Geistes wirkt im Evangelium, das aller Welt verkündigt wird, an allen Orten und zu allen Zeiten, wo sich Männer und Frauen in seinem Namen versammeln. Das Evangelium, das Wort, das in die Welt hinausgeht, ist das Werkzeug, das Instrument, des Heiligen Geistes. Deshalb handhabt die Kirche keine »Scharia« wie die Gemeinschaft der Muslime, sondern ihr »Schwert« ist das Wort Gottes. In der Predigt, der Verkündigung, aber auch in Tauf' und Nachtmahl wirkt in seiner Siebenfalt der *eine* Heilige Geist, kommt Christus zu seiner Gemeinde.

Das Reich Christi ist also nicht nur ein Reich des Geistes, sondern auch das Reich des Wortes. Das verkündigte Wort ist *die* Kampfhandlung Christi, in der er die der Macht der Sünde und des Todes verfallene Menschheit aus diesen Gewalten herausreißt. Dieser Kampf währt bis ans Ende aller Tage, weil der Widersacher Gottes und Christi nicht ruht. Immer verharrt die Welt in der Knechtschaft der »Weltelemente«, in der Gefangenschaft des Gesetzes. Immer wieder drohen Menschen aus dem Reich des Geistes und der Freiheit zurückzufallen unter die Botmäßigkeit der Welt. Doch in der Verkündigung des Evangeliums bewährt sich die von Jesaia angekündigte Wirksamkeit des Geistes in seiner Siebenfalt.

Gottes Geist – und nicht Apollon – lichtet das Sein, wirkt Weisheit und Verstand, gibt rechten Rat, schenkt Stärke, die in Trübsal und Anfechtung standhalten läßt. Erkenntnis Gottes in Gericht und Gnade sprudelt auf wie der Quell, als Mose in der Wüste mit dem Stab den Felsen schlug (2. Mose 17)! Schließlich wirkt der Geist durchs vollmächtige Wort auch die »Furcht des Herrn« in Menschenherzen. Das ist keine »Heidenangst«, keine Schicksalsangst, kein Sich-Ducken vor den Mächtigen dieser Erde. Die »Furcht des Herrn« schließt zwar auch das Erschrecken des Sünders vor Gottes Heiligkeit mit ein, aber sie ist vor allem Ehrfurcht vor seiner Herrlichkeit und Anbetung, weil er so gnädig ist (Ps 13, 6).

Das Sendschreiben nach Sardes macht indes deutlich, daß auch geistlicher Tod in einer Gemeinde einziehen kann. »Ich kenne deine Werke: Du hast die Namen, daß du lebst und bist tot« (V 1), lautet das erschütternde Urteil über die sardische Gemeinde. Immer wieder gibt es im Verlauf der Geschichte der Kirche solche lebendig-tote Gemeinden. Christus weiß wohl, daß es in solchen Gemeinden »Werke« geben kann und gibt.

Unter »Werken« haben wir wohl den weiten Bereich christlicher Lebensäußerungen zu verstehen. Es wird gepredigt, getauft, das Heilige Abendmahl wird gereicht, Alte und Kranke werden besucht, und die Jugend wird unterrichtet. Die Diakonie einer Gemeinde kann sogar Aufsehen erregen und Anerkennung finden. Äußerungen zu politischen Fragen finden vielleicht hie und da Beifall, und *doch* sind alle diese »Werke«, alle diese Lebensäußerungen, »nicht als vollkommen befun-

den vor Gott« (V 2)! Aus all diesen Aktivitäten ist der Geist gewichen. Diese Aktivitäten können Leben vortäuschen, wo keines mehr ist. Wo immer sich ein Mensch dem Geist Gottes verschließt, ist er nur noch dem Tode geweihtes Fleisch.
Die Heilige Schrift verdeutlicht uns diesen Sachverhalt am Urbild des Menschen, an Adam und Eva. Als sie zur verbotenen Frucht greifen und selber sein wollen wie Gott und nicht mehr aus Gottes lebensspendendem Wort und Geist leben, stirbt in ihnen nicht nur das Vertrauen, sondern sie werden buchstäblich »geistlos«, in sich verschlossen, hineingebannt in ihre selbstgewählte Endlichkeit. Sie leben noch, und doch sind sie bereits tot. Über ihnen hängt das Todesurteil: »Denn du bist Erde und sollst zu Erde werden« (1. Mose 3, 19). Das Todesurteil wird nicht sofort vollstreckt. Gott verleiht uns noch eine Frist, nicht nur die 70 oder 80 Jahre eines Einzellebens, sondern auch die Frist von Jahrtausenden bis an den Tag, da Erde und Himmel vor Seinem Angesicht fliehen und sie keine Stätte mehr finden (Offb 20, 11). In dieser ihm verliehenen Frist kann sich der Mensch überaus lebendig geben: Im Schweiß seines Angesichtes bebaut er seinen Acker.
Mit der »Agricultura«, dem Ackerbau im weitesten Sinne, beginnt Kultur. Kain baut die erste Stadt, die den Unsteten und Flüchtigen birgt (1. Mose 4, 17). Von Thubal kommen die Geiger und Pfeifer her (1. Mose 4, 21), alle die Musen, die des Menschen Herz erfreuen. Thubalkain wird schließlich Meister in allerlei Erz und Eisenerz (1. Mose 4, 21). Die ganze Welt des Handwerks und der Industrie, des Handels und der Wirtschaft entsteht. Wir überqueren Flüsse, Gebirge und Kontinente, und wir greifen nach den Sternen. Welch eine Lebendigkeit! »Ich kenne deine Werke«, läßt der Herr der sardischen Gemeinde ausrichten. Ich durchschaue sie! »Du hast den Namen, daß du lebst und bist tot« (V 1)! Alle diese gewaltigen Werke tragen bis zum Ende der Welt auch das Kainsgesicht. Der Brudermord begleitet unsere Geschichte. Blut und Tränen tränken den Acker, den Adam bebaut. Du lebst, du wirkst, du hoffst, o Mensch, und doch stehen alle deine Werke unter dem Todesurteil; deine Lebendigkeit vollzieht sich im Schatten des Todes! »Ich kenne deine Werke: Du hast den Namen, daß du lebst und bist tot.«

Sardes Offb 3, 1–6

Wir wissen nicht, warum die damalige Gemeinde von Sardes so »geistlos« und tot war. Ist es das Gespenst des reichen Krösus gewesen, das sie zu Reichtum und Sicherheit verführte? Oder ist sie dem Zauberring des Gyges verfallen? Der mythische Zauber, der uns in Tiere verwandelt, wenn wir unser Menschsein an unsere Leidenschaften verlieren? War es das gebannte Hinstarren auf den Schicksalsspruch der Pythia, der Horoskope, der Gestirnsmächte? Wir wissen, daß die Gefahren damals in den Gemeinden allenthalben lauerten. Heute heißen sie anders und sind doch von ähnlicher Gewalt. Zu einer »sardischen Kirche« kann auch eine Gemeinde werden, die Christi Reich mit einem weltlichen Reich verwechselt und die sich allenthalben in die Händel dieser Welt einmischt. Im Einmischen in die Händel der Welt wird man selber ein Stück Welt. Man traut dem schlichten Wort des Evangeliums nichts mehr zu. Man meint, man müsse es durch unsere Aktivitäten ergänzen oder ihm gar aufhelfen. Aber gerade so wird das »Einmischen« wirkungslos. Der Geist verläßt eine solche Kirche. »Ich kenne deine Werke. Du hast den Namen, daß du lebst und bist tot.«

Dennoch überläßt Christus solch »sardische Gemeinde« nicht einfach dem geistlichen Tod. Da bleibt der Wächterruf um Mitternacht! »Werde wach und stärke das andere, das sterben will« (V 2). Der Blick schweift über ein weites Totenfeld, über dieses alte und neue »sardische Totenfeld«. Und der Herr sprach zu mir: »Du Menschenkind, meinst du auch, daß diese Gebeine wieder lebendig werden?« heißt's beim Propheten *Hesekiel*. Und dann das großartige, allen Geistlichen Todesbann aufhebende: »Ihr verdorrten Gebeine, höret des Herrn Wort! So spricht der Herr, Herr von diesen Gebeinen: Siehe, ich will einen Odem in euch bringen, daß ihr sollt lebendig werden« (Hes 37, 1–16). Diese geistliche Auferstehung durch den Odem des Herrn, durch seinen Geist, diese Möglichkeit bleibt als Hoffnung auch über einer »sardischen Gemeinde«! Der Herr kann auch in toten Gemeinden Wiedergeburt und Erneuerung wirken. Die Kirchengeschichte weiß zwar davon zu berichten, daß der Platzregen des Evangeliums weiterzieht und »Wüste« entstehen kann, wo vorher blühende Gemeinden waren. Dieselbe Kirchengeschichte weiß aber auch von solch ungezählten geistlichen Auferstehungen.

Die lebendig-tote Gemeinde Sardes ist selbst solch ein Beispiel geistlicher Erneuerung. Etwa ein bis zwei Generationen später leitete eine begnadete und vom Heiligen Geist erfüllte Bischofsgestalt die Gemeinde von Sardes. Die Kirchengeschichte kennt ihn als *Melito von Sardes*! Er schrieb u. a. eine Apologie, eine christliche Verteidigungsschrift, gerichtet an den Philosophen auf dem Kaiserthron, an Kaiser Mark Aurel (161–180 n. Chr.). Erhalten ist uns von seinen zahlreichen Schriften eine eindrucksvolle Osterpredigt, die älteste christliche Osterpredigt nach Abschluß des Neuen Testamentes, die uns überkommen ist. Eigentlich ist diese Osterpredigt ein Hymnus, ein mitreißendes Gedicht, in dem das Christusbekenntnis von neuem zum Klingen gebracht wird. Sie ist ein Zeugnis des Odems Gottes, der das sardische Totenfeld noch einmal zu neuem Leben erweckt hat. Melito von Sardes dichtet von Christus:

»Dieser ist der Erstgeborene Gottes,
der vor dem Morgenstern gezeugt wurde,
der das Licht aufgehen läßt,
der den Tag durchleuchtet,
der die Finsternis schied ...«

Und er schließt mit dem Bekenntnis:

»Dieser ist das Alpha und das Omega;
dieser ist Anfang und Ende,
unaussprechlicher Anfang
und unbegreifliches Ende,
dieser ist der Christus,
dieser ist der König,
dieser ist Jesus,
dieser ist der Heerführer,
dieser ist der HERR,
dieser ist der Auferstandene von den Toten,
dieser ist der zur Rechten des Vaters Thronende.
Er trägt den Vater
und wird vom Vater getragen:
Ihm sei die Herrlichkeit und die Kraft in Äonen: Amen.[3]

---

[3] Vgl. Melito von Sardes: vom Passah, übersetzt, eingeleitet und kommentiert von Josef Blank in Sophia, Quellen östlicher Theologie, Bd. 3, Lambertus Verlag, Freiburg/Breisgau 1963, S. 123 und 130.

In großartig, doch ruhig daherschreitenden Paradoxien umreißt dieser Bischof und Dichter das Geheimnis der Person Christi. Dieser Mann ist der sardischen Gemeinde kein Mietling, sondern ein rechter Hirte in der Nachfolge des einen guten Hirten geworden. Der Wächterruf, das andere, das sterben will, zu stärken, hat ein großes und geisterfülltes Echo im Herzen dieses Mannes gefunden. Das »Stärken« freilich steht nicht in Menschenhand. Es kann nur gelingen in der Treue zur überkommenen Botschaft des Evangeliums. »So denke nun daran« – heißt es deshalb – wie du empfangen und gehört hast und halte es fest und tue Buße (V 3).

Exkurs: Schrift und Tradition
Nun mag jede Tradition – und sei sie noch so altehrwürdig – veralten. Mit fortschreitender Zeit entfernen sich Traditionen immer mehr von jener Quelle, aus der sie einst frisch und belebend entsprungen sind, bis sie in der Wüste der Zeit endgültig versickern. Nicht so jene biblische Tradition, aus der wir schöpfen; denn der Quell aus dem wir schöpfen, wandert mit der Gemeinde durch die Zeit. Im verkündigten Wort ist Christus alle Zeit gegenwärtig. Im Hören und Bewahren des Evangeliums sind wir mit Christus gleichzeitig. Doch niemand kann verkennen, daß das verkündigte, im Heroldruf des Boten lebendige Wort zunächst nur in schriftlichen Urkunden und Dokumenten überkommen ist. Gilt nicht auch gegenüber der Heiligen Schrift das Gesetz der Geschichte? Ist die Christusbotschaft nicht in der Schrift eingesargt? Ist es nicht der Buchstabe, der tötet, der Geist aber lebendig macht?

Die römische Kirche will das Problem, das sich hier auftut, dadurch lösen, daß sie die Heilige Schrift als Dokument der einst kirchengründenden Predigt einordnet in den Leib der Kirche. Ist die Kirche nicht der auf Erden fortlebende Christus? Wird der Herr nicht durch Petrus und seine Nachfolger repräsentiert? Sind mit ihm nicht auch die Bischöfe und Priester, ja alle Gläubigen Garanten dieser lebendigen und fortwirkenden Tradition? Aber gerade die sieben Sendschreiben an die sieben Gemeinden, die ja eben diesen Leib Christi repräsentieren, machen deutlich, daß die Gemeinde Jesu Christi nicht über diesen Glaubensbesitz verfügt. Sie ist von allen Seiten angefochten. Immer wieder wird sie bestürmt, bedrängt und in Versuchung geführt. Die Versuchung zu Häresie und Irrtum, zu Abfall und Un-

glauben, erhebt in ihrer Mitte ihr Haupt. Es regt sich bereits das Geheimnis der Bosheit (2. Thess 2, 7). Der Antichrist ist im Begriff, im Tempel Gottes zu residieren (2. Thess 2, 4). Wie kann da noch Lüge von Wahrheit unterschieden, wie kann das Empfangene bewahrt werden? Die schlichte Antwort kann nur heißen: durch die Schrift, in der die gesamte Überlieferung des alten und neuen Gottesvolkes ihren Niederschlag gefunden hat.
In Sardes und in Lydien hat man zuerst in der Geschichte Gold- und Silbermünzen geprägt. Gleichzeitig aber hat man auch eine Methode entwickelt, echtes Gold von sog. Katzengold zu unterscheiden. Man bediente sich dabei des »lapis Lydius«, des »lydischen Steines«. Er bestand aus einer dunklen Schieferart, an der man durch einen Strich das Gold und Silber auf seine Echtheit hin prüfen oder »probieren« konnte. Der lydische Stein wird deshalb auch der »Probierstein« genannt. So bedarf auch der vielstimmige Chor des gepredigten Wortes eines »Probiersteines«, an dem Echtheit oder Fälschung, Evangelium oder Menschenlehre, unterschieden werden kann.
Deshalb »bleibt allein die Heilige Schrift der einig Richter, Regel und Richtschnur, nach welcher als dem einigen Probierstein (lapis Lydius) sollen und müssen alle Lehren erkannt und geurteilt werden«.[4]
Die sardische Gemeinde freilich konnte damals noch aus dem unmittelbaren Wort der Augenzeugen des Lebens, Sterbens und Auferstehens Jesu Christi schöpfen. Der neutestamentliche Kanon war erst im Entstehen begriffen und noch nicht abgeschlossen. Der Sendbrief an die Christen in Sardes sollte selbst ein Teil dieses Kanons werden. Dennoch waren die Christengemeinden nicht ohne Schrift. In allen Gottesdiensten wurden die Schriften des »Alten Bundes« ausgelegt. Sie mußten sogar verteidigt werden gegen jene gnostische Häresie, die das Alte Testament verwarf. Sie machte aus dem Gott Abrahams, Isaaks und Jakobs, dem Schöpfer Himmels und der Erden, einen bösen Untergott. Dieser »Demiurg« gestaltete zwar die Welt, die Materie und das Fleisch, aber den Geist, das eigentliche Sein, hielt er in der Materie gefangen. Hier mußten im Licht der Christusbotschaft die überkommenen Schriften ausgelegt und verteidigt werden. Ohne das Eingebundensein in die Geschichte der

---

[4] Konkordienformel, Bekenntnisschriften der Evang.-Luth. Kirche, Göttingen 1952, 2. Auflage, S. 771.

Väter, ohne seine Leiblichkeit und Geschichtlichkeit wird Christus zu einer Idee, zu einem Phantom, verblassen. Er wäre nur unser eigenes in der Christusidee angeschautes Selbst. Aber er wäre nicht mehr unser Erlöser. Das alles stand damals in Sardes auf dem Spiel. Deshalb die Mahnung an die Gemeinde, das Empfangene festzuhalten (V 3). Zu diesem Empfangenen gehören nicht nur das Zeugnis Jesu und der Propheten, sondern ebenso die Schriften des alttestamentlichen Gottesvolkes.
Die werdende Kirche des »Neuen Bundes« war also nie ohne Schrift. Ihre Botschaft war und ist in der alttestamentlichen Geschichte verwurzelt und kann nicht aus diesem Wurzelboden herausgerissen werden, wie das die Gnostiker und alle Vertreter der reinen Idee bzw. der reinen Vernunft versuchen. Das Bewahren des Empfangenen ist nur in diesen geschichtlichen Zusammenhängen möglich. Für die Gemeinde bedeutete das u. a. auch das Bewahren des Alten Testamentes und damit die Abwehr aller Gnosis, die damals und heute in veränderter Gestalt die Gemeinde Jesu Christi bedroht. Deshalb bedarf die Kirche zu allen Zeiten des »lapis Lydius«, des »Probiersteins« der Heiligen Schrift Alten und Neuen Testamentes, an dem alle Predigt zu prüfen und alle »Lehre« zu sichten ist. Die geschichtlich verstandene Schrift ist durchzogen von Gottes Verheißungen. Alle alttestamentlichen Verheißungen zielen hin auf den »kommenden Christus«. Alle neutestamentlichen Schriften des Kanons – und diese tragen deutlichen anti-gnostischen Charakter – zeugen vom »gekommenen Christus«, der im Fleisch, Gesetz und Sünde, Tod und Hölle überwandt. Beachtet man den geschichtlichen Unterschied in der Zeit – vor und nach Christus, verheißener Messias und fleischgewordener Christus – so gewinnt die Schrift nicht nur Profil, sondern sie legt sich in diesem geschichtlichen Zusammenhang und in dieser geschichtlichen Unterscheidung selber aus. Die Worte sind nicht mehr tote Buchstaben, vielmehr springt aus dem Buchstaben der Geist heraus, und Christus redet hier und heute zu seiner Gemeinde.

Als Christus hier auf Erden weilte, da verkündigte er die Nähe des Reiches Gottes. Das Reich Gottes aber ist untrennbar verbunden mit dem Ende aller Zeiten und dem letzten Gericht. Alle Gleichnisse Jesu haben diesen endzeitlichen Bezug. Der Sämann, der ausgeht und seinen Samen auswirft, sät im Hinblick auf Gottes Ernte, der seine Scheuern füllt. Der Sauerteig, der den ganzen Teig durchsäuert, zeigt an, daß die gesamte Menschheit durchdrungen wird von der Ankündigung des Kommens Gottes. Jeder Bußruf ist Ruf zur Umkehr angesichts der Unausweichlichkeit des Gerichtes. Das Gleichnis vom verlorenen Sohn macht eindringlich deutlich, daß die Tür zum Vaterhaus noch offensteht, daß wir als Umkehrende einen barmherzigen Gott finden im Gericht. Die törichten Jungfrauen mit ihren leergebrannten Öllämpchen warnen vor einem endgültigen, vor einem »am Ende gültigen«, »Zuspät«. Die Heilung der Kranken zeigt an, daß das Alte vergeht und Gott ein Neues schaffen will. Neue Schöpfung ist angesagt! Man könnte so alle Evangelien durchwandern und überall diesen endzeitlichen Aspekt entdecken. Die gesamte Predigt Jesu ist endzeitlich ausgerichtet. In seinem Kreuzestod wird das letzte Gericht vorweggenommen und uns zugut an ihm vollstreckt, damit es an uns vorübergehe. So wie das Blut des Opferlammes an den Türschwellen der Israeliten diese bewahrte, als der Würgeengel durch Ägypten ging, so bewahrt uns, die wir auf Christus getauft wurden, das Blut Christi im Gericht. Deshalb wird er *das* »Lamm Gottes« genannt. Seine Auferstehung aber reißt alle, die an ihn glauben, aus Gericht und Verwerfung hinein ins ewige Leben.

Das ganze Evangelium ist vor allem anderen die Ankündigung der Bewahrung im letzten Gericht; eine Bewahrung, die allein im Glauben, allein im Vertrauen auf diesen Gekreuzigten ergriffen wird. Wird diese endzeitliche Ausrichtung des Evangeliums mißachtet, so wird die frohe Botschaft zur nichtssagenden Menschlichkeitsphrase: »Seid nett zueinander!« Aus der Freude über die zugesagte Rettung im Gericht wird die billige Predigt von einem lieben und gütigen Gott. Der Ernst des Gerichtes geht verloren und gerade deshalb auch die flammende Freude, die aus der Christusbotschaft auflodert.

Deshalb ist Wachsamkeit gegenüber jeder Verkürzung und Verfälschung des Evangeliums geboten. Seit der Erhöhung Christi ist Endzeit. Die Welt ist »abendliche« Welt geworden, Welt am Abend der Geschichte. Sie gleicht einem verschlossenen und verriegelten Haus, über das sich die Nacht herabsenkt. Aber diese in sich verschlossene, sich gegen Gott und sein Gericht absichernde Welt entgeht nicht ihrem Geschick. Der Dieb kommt und bricht die sicheren Mauern des Hauses auf. Der Herr selbst bezeichnet sich in seinem Gleichnis (Matth 24, 42–44; Luk 12, 39–40; 1. Thess 5, 2) als der Dieb, der in diese Welt einbricht. Dieses *Sein* »Hereinbrechen« ist dieser Welt bestimmt. Es hat schon mit seinem Kommen in Niedrigkeit begonnen. Er klopft an! Die Signale Seines Hereinbrechens sind schon da. Sie werden hörbar und sogar greifbar in Wort und Sakrament. Entscheidend ist, ob wir wie jene klugen Jungfrauen bereit sind und das Öl des Glaubens bei uns haben. Sonst überrascht uns der Dieb im Schlaf des Unglaubens. Rechte Wachsamkeit bewährt sich im Glauben! Alle anderen Versuche, das Ende der Geschichte in den Griff zu bekommen, scheitern. Der Dieb in der Nacht ist unberechenbar; ebenso das Ende der Geschichte! Es läßt sich nicht in Zahlenangaben erfassen.[5] Um so dringender wird die Mahnung zur Wachsam-

---

[5] Dieser immer wieder auftauchenden Versuchung sind nicht nur Sektierer erlegen, sondern auch so tüchtige Theologen wie der Lutherschüler Michael Stifel oder wie der gelehrte Joh. Albrecht Bengel. Stifel errechnete das Ende der Welt für den 19. Oktober 1533. Bengel errechnete den Anbruch des tausendjährigen Reiches für das Jahr 1836. Beide und mit ihnen viele andere sind kläglich gescheitert. Zeit und Stunde bleiben verborgen. Der Dieb kommt »zu der Stunde, da ihr es nicht meint« (Luk 12, 40)! Scheitern müssen aber auch alle Versuche, den Verlauf der Geschichte in einer bestimmten Gesetzmäßigkeit zu erfassen.
Hegel glaubte den Gang der Geschichte als das »Zusichselberkommen« des Geistes in der Dialektik von These, Antithese und Synthese begreifen zu können. Am Ende stehe das Reich der Freiheit, ja, im freien Menschen sei der Weltgeist, sei Gott gar zum Bewußtsein seiner selbst gekommen. Weltkriege, Revolution, Diktaturen und angepaßte Massenmenschen widerlegen das Reich der Freiheit als Utopie.
Karl Marx verfiel derselben dialektischen Täuschung wie Hegel und wollte das Gesetz der Geschichte vollstrecken und dieses Reich der Freiheit durch die Weltrevolution in Gestalt einer klassenlosen Gesellschaft herbeizwingen. Millionen Tote liegen unter den Trümmern dieser angeblichen »Wissenschaft« begraben. Aber die Welt hat sich noch nicht aus dem Bann der Utopien gelöst. Wird sie das überhaupt können, solange sie nicht mit dem Einbruch des Diebes rechnet? Muß sie nicht immer wieder blendenden Utopien verfallen, weil sie an ihren eigenen Geist glaubt, aber nicht Ausschau hält nach jenem Dieb am Ende der Zeit? Den Rechtsspruch Gottes erwartet sie nicht.

keit in diesem Sendschreiben. Der beste Dienst, den die Kirche der Welt tun kann, besteht in diesem Wächterruf, der die in sich verschlossene Welt aufbricht, damit einige hellsichtig werden und all die Utopien als Träume und Selbsttäuschungen durchschauen. Indem so die Kirche durch ihre Predigt gleichsam den Horizont der Welt zu Gott hin offenhält, bewahrt sie die Welt vor den innerweltlichen Katastrophen falscher, weil sich selbst überhebender, Hoffnungen.
Aber selbst über eine versagende Gemeinde ist noch nicht das letzte Verwerfungsurteil gesprochen. Nicht nur, daß das Wunder einer geistlichen Auferstehung immer möglich sein kann, wie wir gesehen haben, so gibt es doch unter der Decke ausgebrannter Asche hie und da lebendige Funken glaubender Menschen. »Einige« haben »ihre Kleider nicht besudelt«, wird den Sarden bestätigt (V 4). Das auf Erden wandernde Gottesvolk ist nie eine vollkommene Gemeinde. Der Acker trägt gute Frucht, und Unkraut ist darunter gemischt (Matth 13, 24–30. 38–43). Ein Fischnetz fängt verschiedene Fische. Das Netz enthält gute und faule Fische (Matth 13, 47–50). Erst am Ende der Zeit, im letzten Gericht, wird das Unkraut vom Weizen geschieden, werden die guten Fische in einem besonderen Gefäß eingesammelt, die schlechten aber weggeworfen. Bis hin zu dieser letzten Scheidung, die nie irgendeines Menschen Sache sein kann, ist die Kirche eine Gemeinschaft, in der Gute und Böse, Glaubende und Nichtglaubende miteinander zusammenleben. Die, welche ihre Kleider nicht besudelt haben, kennt nur der Herr. Den Augen der Welt sind sie verborgen. Die Heiligkeit der Kirche ist deshalb eine verborgene Heiligkeit. Auch unter der Decke einer erkalteten Christlichkeit sind die wahren Christen, die wahrhaft Glaubenden, vorhanden. Der Unglaube läßt den Menschen »besudelt« zurück. Dieses Besudeltsein kann sich auf verschiedene Weise äußern. Es kann vom frommen pharisäischen Hochmut, der sich vor Gott rühmt, bis hin zum groben Götzendienst und der damit verbundenen Hurerei reichen. Alles dies aber zeugt davon, daß der Glaube erloschen, dessen Frucht die Liebe ist. Der Geist ist gewichen, der das Sündige ein Leben lang aus uns »ausfegt« (so Luther)!
Der Glaubende ist nicht deshalb *nicht* besudelt, weil er

vollkommen und sündlos wäre, sondern weil die Vergebung Christi, weil das Blut Christi ihn von aller Sünde reinigt (1. Joh 1, 7). Gottes Geist wirkt in ihm und fegt ständig die Sünde aus. Der Glaubende ist mit »weißen Kleidern« angetan, an denen kein Schmutz mehr zu sehen ist. Die Überwinder, die Glauben gehalten haben bis ans Ende, sie werden mit weißen Kleidern angetan (V 4).

Immer wieder haben viele Ausleger darin eine deutliche Anspielung auf die Wollindustrie in Sardes sehen wollen. Es mag sein, daß unser Brief tatsächlich dieses Bild vom Kleid und vom Kleiderwechsel aufnimmt, weil es den Sarden geläufig war. Aber das Bild selbst ist wesentlich älter. Im Rechtsstreit zwischen Jahwe und seinem Volk läßt der HERR den Entscheid ergehen: »Wenn eure Sünde gleich blutrot ist, soll sie doch schneeweiß werden; und wenn sie gleich ist wie Scharlach, soll sie doch wie Wolle werden (Jes 1, 18). Der Herr läßt Gnade vor Recht ergehen. Bluttriefende Schuld wandelt er in unschuldigstes Weiß. Dieser Entscheid wird dem Angeklagten *zugesprochen*. Der Rechtsspruch Jahwes wird zum Freispruch.

Das wird im Jesaiabuch auf doppelte Weise verdeutlicht. In einem Gebet um Erlösung bekennt der Prophet einerseits: »Aber nun sind wir allesamt wie die Unreinen, und alle unsere Gerechtigkeit ist wie ein unflätig Kleid« (Jes 65, 5). Vor Gott kann keiner bestehen. Alles, was unsere Blöße bedecken könnte, vor Gottes unbestechlichem Auge ist es Schmutz, Unrat und Schande. Andererseits bricht derselbe Prophet in Dank und Jubel aus: »Ich freue mich in dem Herrn, und meine Seele ist fröhlich in meinem Gott, denn er hat mich angezogen mit Kleidern des Heiles und mit dem Rock der Gerechtigkeit, gekleidet wie ein Bräutigam, mit priesterlichem Schmuck geziert, und wie eine Braut, die in ihrem Geschmeide prangt« (Jes 61, 10). Die Freude des Gerechtfertigten liegt nicht in ihm selbst. Seine Freude gründet in Gott. Seine Gerechtigkeit *ist die* Gerechtigkeit, die Gott ihm *schenkt* wie ein neues Kleid, das alle Blöße zudeckt. Dieser Rock wird mit dem Priesterornat verglichen, weil der Glaubende, von Gott begnadet, vor Gott priesterlich bestehen kann.

Jesus selbst nimmt dieses Bild vom neuen Gewand in seinem

Gleichnis von der königlichen Hochzeit wieder auf. Wer ohne das hochzeitliche Kleid vor dem König erscheint, kann vor ihm nicht bestehen und wird aus dem Hochzeitssaal, aus der Ewigkeit, hinausgestoßen (Matth 22, 1–14). In der Taufe wird uns dieses hochzeitliche Kleid geschenkt; »denn wieviel euer auf Christus getauft sind, die haben Christus angezogen« (Gal 3, 27). Christus selbst ist der Rock meines Heiles! Sein Sterben und Auferstehen wird mir zugerechnet; oder – umgekehrt – durch die Taufe werden wir Christus zugerechnet. Wir sind mit ihm ein Leib geworden und nur *deshalb* heißt's: »... denn ihr seid alle Gottes Kinder durch *den Glauben* an Christus Jesus« (Gal 3, 26)!

Das Sendschreiben nach Sardes beschließt dieses entscheidende, weil die Gewissen befreiende und entlastende, Thema von der Rechtfertigung des Sünders um Christi willen mit der Unaustilgbarkeit des Namens des Glaubenden und vom Bekenntnis Christi zu den Seinen (V 5).

In verschiedenen Religionen taucht die Vorstellung auf, daß die Namen der Menschen in Büchern aufgeschrieben werden. Dieses Notieren garantiert gleichsam das Unvergessensein dessen, der im Buch festgeschrieben ist. Ebenso können es auch die Werke sein, die aufgeschrieben sind, damit sie zu der Toten Ruhm oder Nichtruhm herangezogen werden können.[6]

Auch der biblischen Überlieferung ist diese allgemeine religionsgeschichtliche Vorstellung von Buch und den eingetragenen Namen nicht fremd. »Deine Augen sahen mich«, bekennt der Psalmist, »da ich noch unbereitet war, und alle Tage waren auf dein Buch geschrieben, die noch werden sollten ...« (Ps 139, 16). Dem entspricht die Furcht, daß man aus dem Buch der Lebendigen ausgetilgt werden könnte und mit den Gerechten nicht angeschrieben (vgl. Ps 69, 29). Im Danielbuch hält Gott, der Uralte, Gericht, »und die Bücher werden aufgetan« (Dan 7, 10).

Hier nun – im Sendschreiben nach Sardes – wird dem Christus eine entscheidende Aufgabe übertragen. Er bewahrt uns davor, daß unsere Namen aus dem Buch des Lebens ausgetilgt, daß wir nicht dem ewigen Schweigen überantwortet

---

[6] Vgl. hierzu das sog. ägyptische und das tibetische Totenbuch.

werden. Unmittelbar damit zusammen gehört die »Intercessio«, das »Eintreten Chrsiti« für uns vor dem ewigen Richter: »Wer nun mich bekennt vor den Menschen, den will ich bekennen vor meinem himmlischen Vater!« (Matth 10, 32)

»Wer Ohren hat, der höre...«

Philadelphia
(Offb 3, 7–13)

⁷ Und dem Engel der Gemeinde in Philadelphia schreibe: Das sagt der Heilige, der Wahrhaftige, der da hat den Schlüssel Davids, der auftut, und niemand schließt zu, der zuschließt, und niemand tut auf:
⁸ Ich kenne deine Werke. Siehe, ich habe vor dir eine Tür aufgetan, und niemand kann sie zuschließen; denn du hast eine kleine Kraft und hast mein Wort bewahrt und hast meinen Namen nicht verleugnet.
⁹ Siehe, ich werde schicken einige aus der Synagoge des Satans, die sagen, sie seien Juden, und sind's nicht, sondern lügen; siehe, ich will sie dazu bringen, daß sie kommen sollen und zu deinen Füßen niederfallen und erkennen, da ich dich geliebt habe.
¹⁰ Weil du mein Wort von der Geduld bewahrt hast, will auch ich dich bewahren vor der Stunde der Versuchung, die kommen wird über den ganzen Weltkreis, zu versuchen, die auf Erden wohnen.
¹¹ Siehe, ich komme bald; halte, was du hast, daß niemand deine Krone nehme!
¹² Wer überwindet, den will ich machen zum Pfeiler in dem Tempel meines Gottes, und er soll nicht mehr hinausgehen, und ich will auf ihn schreiben den Namen meines Gottes und den Namen des neuen Jerusalem, der Stadt meines Gottes, die vom Himmel herniederkommt von meinem Gott, und meinen Namen, den neuen.
¹³ Wer Ohren hat, der höre, was der Geist den Gemeinden sagt!

In der römischen Provinz »Asia minor«, dem »kleinen Asien«, gab es zunächst zwei Städte, die mit dem Namen »Philadelphia«, »Bruderliebe«, geschmückt waren. Die erste Stadt lag an der Ägais; eine nicht unbedeutende Hafenstadt. Das Philadelphia, an dessen Christengemeinde dieses sechste Send-

schreiben gerichtet ist, lag weiter landeinwärts an den Ufern des Lykosflusses, 13 Stunden südlich von Sardes.[1]
Im Unterschied zu Ephesus, Smyrna oder Pergamon wissen wir nur sehr wenig über die innere und äußere Lage der dortigen Christengemeinde. Der älteste Kirchenhistoriker, *Eusebius von Caesarea*, weiß nur zu berichten, daß der erste Bischof von Philadelphia *Demetrius* geheißen habe. Aber selbst dieser Bischofsname weist noch hin auf den heidnischen Wurzelgrund, aus dem dieser Mann stammte, ehe er Christ wurde. Demetrius bedeutet, nämlich »der der Göttin Demeter Zugehörige«. Demeter war die Göttin des Hauses, der Familie, der Fruchtbarkeit und die Schutzgöttin des heimischen Herdes. Als dieser Demetrius Christ und sogar Bischof einer christlichen Gemeinde wurde, hat er diesen ursprünglich heidnischen Namen nicht abgelegt. Einmal, weil der Name erst einem Menschen seine Identität gibt. Der Name macht uns zu diesem je einmaligen und einzigen Menschen. Dadurch aber, daß Demetrius durch die Taufe Christ wurde, ist sein heidnischer Name »mitgetauft« worden. Der Christusname, der uns in der Taufe zugelegt wird und mit dem wir dann bekennen können »Christianus sum«, »Ich bin ein Christ«, stellt den ursprünglichen Heiden, der ich war, in ein ganz neues Gottesverhältnis hinein. Der Getaufte erhält in Christus eine neue Identität.
Luther macht das etwa in seiner schönen und tiefsinnigen Schrift »Von der Freiheit eines Christenmenschen«[2] auf eindringliche Weise deutlich. Er vergleicht uns und unsere Seele mit einer ehrlosen Dirne, mit einem »armen Hürlein«. Das mag modernen Ohren allzu überspannt und unangemessen klingen. Aber man darf den Wahrheitskern dieses Bildes nicht vergessen. Der Mensch *vor* dem Glauben ist seiner ursprünglichen schöpfungsmäßigen Bestimmung (nämlich Kind, Sohn oder Tochter, dieses einen ewigen Vatergottes zu sein) entfremdet. Er hat seine eigentliche Bestimmung immer schon verfehlt.

---

[1] Gegründet wurde sie von König Attalos II. Da der sich den ehrenden Beinamen »Adelphos« gab bzw. geben ließ – wir kennen nicht die Gründe, die zu diesem Beinamen führten –, wurde die von ihm gegründete Stadt am Lykos Philadelphia genannt.
[2] W 2 X/X 986 ff.; EA 27, 175 ff.

In diesem verfehlten Dasein verfällt er aber den Mächten dieser Welt, bzw. er macht sich seine eigenen Götter. »Der Mensch hat immer einen Gott«, kann deshalb Luther zu Recht im Großen Katechismus sagen.[3] Das, worauf sein Herz traut oder baut, das ist sein Gott; sei es nun der wahre Gott, sei es ein Abgott. In dieser knappen Skizze ist beides enthalten. Es wird deutlich, warum das menschliche Herz religiös sein m u ß . Der Mensch kann nicht aus dem Vorhandenen leben. Er m u ß über sich hinausfragen und entwirft dann Götter, Gebilde nach seinem Herzen. Insofern hat die Kritik des Philosophen Feuerbach ein gewisses Recht. Der Mensch schafft sich seinen Gott nach seinem Bilde.

In *diesem* Sinne ist dann die Götterbilder entwerfende Seele ein »armes Hürlein«, Hürlein, weil sie entgegen ihrer ursprünglichen Bestimmung die Treue des einen wahren Gottes, ohne die wir nicht ein »Nu« leben könnten, mit Untreue vergilt. »Arm« wird die Seele genannt, weil sie ihren eigentlichen Reichtum, nämlich den lebendigen Gott, vertauscht mit Göttern, mit Nichtigem, mit den eigenen brüchigen Gebilden. Das Wunder des Christseins besteht nun darin – um das Bild Luthers wieder aufzunehmen – daß der »edle Bräutigam Christus« das »arme Hürlein« zur Ehe nimmt. Er beantwortet unsere Untreue mit seinem Eheversprechen. Er verspricht sich uns selbst mit seinem Leib, seiner Seele und seinem ganzen göttlichen Wesen. Indem aber der Bräutigam mit seinem Wort der Braut, der »armen Seele«, seinen Namen verleiht, hat niemand mehr das Recht, das »arme Hürlein« anzuklagen und zu schmähen. Die Ehre Christi ist ja ihre Ehre geworden, und ihre Unehre ist von der Ehre Christi verschlungen. Kein Ankläger – und wäre es der Satan selber [4] – kein Ankläger also kann den, der durch Taufe und

---

[3] W 2 X 32 ff.; EA 21, 34 f.
[4] Das hebräische Wort »Satan« bedeutet zunächst »Feind«, dann Gegner vor dem Gericht. Der Satan ist als Gottes Feind der Ankläger des Geschöpfes Gottes vor dem Schöpfer. Unser Wort »Teufel« entstand aus dem griechischen Begriff »diabolos«, mit dem man das hebräische »Satan« übersetzte. Der Diabolos ist der »Durcheinanderwerfer«, der den Menschen gegen Gott aufbringt und so Gottes Schöpfung »durcheinanderwirft«. Jesus nennt ihn den »Mörder von Anfang«, Joh. 8, 44.

Glaube mit Christus eins geworden ist, mehr verdammen. Auch das Gesetz hat seine anklägerische Macht über das Gewissen eines Christen verloren. Meine Sünde und meine Schande sind ja durch die Taufe mit Christus begraben in *seinem* Tod (vgl. Rö 6, 1 ff.). Das alles ist gegenstandslos geworden in dem Bekenntnis »Christianus sum!« »Ich bin ein Christ!« Der heidnische Name »Demetrius« ist seiner ursprünglich heidnischen Mächtigkeit beraubt und der Herrschaft Christi eingeleibt worden. Deshalb mag auch ein christlicher Bischof seinen ursprünglich heidnischen Namen beibehalten. Dem Demetrius hat sich eine neue Dimension, eben diese Christusdimension, erschlossen; und das allein zählt!
Man könnte diesen Vorgang mit dem bis ins Mittelalter üblichen Brauch vergleichen, auf ursprünglich heidnischen Opferplätzen oder auf den Fundamenten heidnischer Tempel christliche Kirchen zu errichten. Man tat das nicht, um sich doch wieder heidnischen Sitten und Gebräuchen anzunähern, man tat es auch nicht, um das Heidentum zu beerben, wie vorschnelle Kritiker behaupten. Im Gegenteil! Oft mauerte man das heidnische Götterbild in die Fundamente der neuen christlichen Kirche ein. Der heidnische, der dämonische Geist, der dem Götterglauben innewohnt, wurde so gebannt und entmächtigt, weil Christus der Herr und Überwinder ist, so wie Christus auch der Herr des eingangs erwähnten Bischofs Demetrius ist.
Wenn hier von Bischöfen die Rede ist, dann muß man in Gedanken zurückkehren zu den Ursprüngen dieses Titels. Der Bischof ist noch nicht Bischof in der späteren Bedeutung dieses Begriffs. Es handelt sich noch nicht um den sog. »monarchischen Episkopat«, in dem der Bischof allein Hirte und Herr (Monarch) der Gemeinde war. Im Brief des Apostels Paulus an die Gemeinde in Philippi grüßt der Apostel die »Heiligen in Christus Jesus zu Philippi samt den Bischöfen und Dienern« (Phil 1, 1). Die Gemeinde verfügt also über ein Kollegium von Bischöfen. Das Amt ist bereits vorhanden. Aber das Amt wird von Kollegen verwaltet. In den sog. Pastoralbriefen wird dieses bischöfliche Amt ein »köstliches Werk« genannt (1. Tim 3, 1 ff.). Der Bischof wird ermahnt: »Predige das Wort, halte an, es sei zu rechter Zeit oder zur

Unzeit; strafe drohe, ermahne mit aller Geduld und Lehre« (2. Tim 4, 3). An dieser Umschreibung der Amtsaufgaben wird deutlich, daß das Amt eines Bischofs vor allem anderen im Predigtdienst besteht! Die Bischöfe etwa in Philippi sind also die Prediger des Evangeliums in der Gemeinde. Ihnen ist diese Aufgabe übertragen. *Dazu* sind sie berufen worden!

Der Bischof von Philadelphia, der schon erwähnte Demetrius, war also der »*berufene Diener am Wort*« in Philadelphia! Seine Aufgaben entsprachen in etwa den Aufgaben eines heutigen Gemeindepfarrers. Allerdings darf dabei nicht vergessen werden, daß dieses Amt der Wortverkündigung einerseits unabhängig ist von der jeweiligen Person, der das Amt übertragen ist. Als *Person* bedarf er immer wieder der Buße und der Vergebung Christi. Seine Sündhaftigkeit, die jedem »Diener am Wort« ein Leben lang »anklebt« (um mit Luther zu reden) macht weder das von ihm verkündigte Wort ungültig, noch hängt die Gültigkeit von Taufe und Abendmahl von seiner persönlichen Würdigkeit ab. Sonst wären Wort und Sakrament wahrlich auf Sand gebaut. Sie sind aber andererseits auf *dem Felsen der ewig gültigen Zusage Christi gegründet.* Davon zu unterscheiden freilich ist die Tatsache, daß unwürdiges Verhalten des ins Amt Berufenen den Gemeindegliedern zum Anstoß und zum schweren Ärgernis werden kann. Der Ruf zur Buße ist für solch einen versagenden Pastor oder Bischof unumgänglich. Dem Bruder, der Schwester ein Ärgernis zu geben, ist allemal eine schwere Sünde! Das Ärgernis kann dazu führen, daß der, der Ärgernis nimmt, durch das anstößige Verhalten seines Pastors in der Gefahr steht, den christlichen Glauben zu verlieren und so selbst verloren zu gehen. Dennoch ist den Gemeindegliedern in ihren Anfechtungen immer wieder dadurch zu helfen, hier zwischen dem Amt und seiner Aufgabe und dem Amtsträger als Person zu unterscheiden, denn – und das ist der entscheidende Gesichtspunkt – die Botschaft, das Evangelium, ist nicht Menschenwerk, entspringt nicht menschlicher Vernunft und gründet sich nicht in menschlicher Vollkommenheit. Das Evangelium ist das Evangelium Jesu Christi. Das Wort gründet allein in ihm! Das Wort empfängt von

Christus seine Wahrheit, seine Gültigkeit und seine Zuverlässigkeit. Deshalb nennt der Sendbrief nach Philadelphia Christus den »Heiligen und Wahrhaftigen« (V 7).
Die Heiligkeit und Wahrhaftigkeit Christi gehören untrennbar zusammen. Sie sind auch keine abstrakten Wesensumschreibungen Christi. Die Herrlichkeit Gottes und Christi und die Wahrhaftigkeit Gottes und Christi sind immer auf den hörenden Menschen bezogen, dem Gott im Wort der Buße, dem Christus im Wort der Vergebung begegnet!
Der Theologe und Religionswissenschaftler Rudolf Otto schrieb einst ein Büchlein, dem er den Titel »Das Heilige« gab. Das Heilige aber, so führte er aus, habe immer eine Doppelgestalt. Es sei einerseits charakterisiert durch das »Tremendum«, durch »Furcht und Zittern«; andererseits aber durch das »Fascinosum«, durch ein »Mit- und Emporgerissenwerden, durch Begeisterung, Liebe und Vertrauen«.[5] An diesen Beobachtungen Rudolf Ottos ist zweifellos viel Richtiges.
Doch klarer werden diese Phänomene des »Tremendum« und »Fascinosum« etwa an der Berufungsgeschichte des jungen Jesaia im Tempel von Jerusalem (Jes 6). Die Gottheit überfällt ihn gleichsam. Er ahnt nicht nur, er erfährt die Nähe Gottes. Aber es ist nur der äußerste Mantelzipfel Gottes, den er erschauen kann. Der Tempel Gottes, von dem Gott selbst gesagt hat, hier solle sein Name wohnen, der Tempel Gottes kann die Majestät Gottes nie fassen, geschweige denn umfassen. Die ganze Schöpfung, das weite Universum, ist sein Tempel. Er sprengt alle Maße und Grenzen. Gott ist inwendig und auswendig. Er ist vorn und hinten, drinnen und draußen, über der Welt und unter der Welt, in der Zeit und vor der Zeit und jenseits aller Zeit. Diese Erde ist in seiner Hand weniger als ein Staubkorn, und doch sind wir mit allen Kreaturen unmittelbar vor Gott! Der Lobgesang der Seraphinen, dieses »Dreimal-Heilig«, ist das mitreißende, begeisternde und anbetende, staunende Echo seiner Kreaturen (auch Engel sind seine Geschöpfe). Es ist die Gewißheit, daß wir in ihm leben, weben und sind (Apg 17, 28).

---

[5] Das »Fascinosum« läßt sich in seiner Vielschichtigkeit gar nicht mit einem Begriff wiedergeben.

Zugleich aber erfährt Jesaia die Nähe Gottes als ein verzehrendes Feuer. Gott wird unerträglich, weil wir schon von Anfang an aus der vertrauensvollen Gottesgemeinschaft herausgefallen sind. Deshalb sein Schrei: »Weh mir, ich vergehe...« Unsere Verkehrtheit läßt uns Gott unerträglich werden. Seine Gegenwart entblößt uns bis auf Mark und Bein. Kein Gedanke, kein Wort, keine Regung unserer Seele, kein Gedanke unseres Geistes, der vor ihm nicht in seiner Nichtigkeit und Selbstmächtigkeit enthüllt und durchschaut wird. So kann Gott selbst zur »Hölle« werden. Aller Gotteshaß ist die Reaktion auf die unerträgliche Heiligkeit Gottes. Diese jesaianische Erfahrung begegnet – wenn auch in abgeschwächter Form – jedem, dem die »Welt zu enge« wird, der schon »vor einem fallenden Baumblatt erschrickt« (so Luther), weil er inne wird, wie schuldhaft verkehrt sein ganzes Wesen ist. Das Gesetz rumort dann im Gewissen. Es klagt an. Es läßt uns unstet und flüchtig werden. Das ist der zweite Moment der Heiligkeit Gottes, aber – damit identisch – der Heiligkeit Christi.

Jesaia erfährt dann, daß der Engel mit einer glühenden Kohle vom Altar seine Lippen berührt, »daß deine Missetat von dir genommen werde und deine Sünde bedeckt sei« (Jes 6, 7). Zur Heiligkeit Gottes gehört auch seine erneute, gnädige Zuwendung zu diesem erschrockenen und bis in die tiefsten Schichten seiner Seele zunichte gewordenen Menschen. Diese Zuwendung geschieht immer in äußeren Zeichen. Hier bei Jesaia ist's die glühende Kohle und das Wort, das hörbare Wort, das Vergebung zuspricht und in der Vergebung neues Leben, ein neues Sein vor Gott, schenkt.

Am tiefsten aber entäußert sich Gott in dem Menschen von Nazareth. In ihm begegnet uns Gottes letzte und endgültige Zuwendung uns zugut. Aber auch in der Begegnung mit Jesus begegnet uns Gottes Heiligkeit, das »Tremendum« und das »Fascinosum«! So berichtet uns z. B. der Evangelist Lukas vom sog. Fischzug des Petrus. Zunächst hören die Fischer am See die Predigt dieses »merkwürdigen« Propheten, der da in der Mitte Israels aufgestanden ist. »Merkwürdig« ist dieser Prophet aus Nazareth, d. h. des Merkens würdig, weil von Person und Wort dieses Mannes eine eigentümliche »Strahlkraft« ausgeht. Er lehrte »gewaltig«, heißt es wiederholt von seiner Predigt, »und nicht wie die Schriftgelehrten« (Matth 7, 29; Luk 4, 32). Von der Vollmacht seiner Rede gepackt, fahren die Fischer auf Geheiß Jesu hinaus auf die Höhe des Sees. »Aber auf dein Wort will ich das Netz auswerfen«, sagt Petrus bezeichnenderweise (Luk 5, 5). Das »Fascinosum«, die Heiligkeit des Wortes Jesu, hat ihn schon in ihren Bann geschlagen. Als dann aber die Fülle des Fischzuges offenbar wird, da bricht Petrus in die Knie, nicht weil die Menge der wimmelnden Fischleiber ihn überzeugt hat, sondern weil dieser Jesus von Nazareth ihn überwältigt: »Herr, gehe von mir hinaus, denn ich bin ein sündiger Mensch!« (Luk 5, 8). In der Begegnung mit diesem Menschen wird er der Heiligkeit dieses Mannes inne, eine Heiligkeit, der gegenüber sein Leben in seiner ganzen Sündigkeit, in seiner ganzen Gottesferne aufgedeckt ist. Dieser *Eine* ist der wahrhaftige Mensch, der wir sein sollten und es nicht sind.

Zugleich aber ist dieser wahrhaftige Mensch mit einer Vollmacht ausgestattet, wie sie nur Gott zu eigen ist. Jesus nimmt diesen Petrus an in all seiner Verkehrtheit durch sein »Fürchte dich nicht!« Damit befreit er ihn zu einem Leben in der Gegenwart Gottes und stellt ihn in seinen Dienst: »denn von nun an wirst du Menschen fangen« (Luk 5, 10). Dieser wahrhaftige Mensch ist ganz und gar von Gottes Art und Wesen durchdrungen. Er ist als der wahrhaftige Mensch zugleich auch wahrhaftiger Gott. Deshalb stellt sich Christus im Sendschreiben nach Philadelphia als der »Heilige und Wahrhaftige« vor. Seine gottmenschliche Person ist ganz und gar von Klarheit beseelt. In ihm ist keine Lüge, keine Verstellung und keine Falschheit. Sein ganzes Leben und sein Sterben bezeugt diese Wahrhaftigkeit. Deshalb ist dieser Jesus der Christus Gottes. Deshalb gilt auch von ihm: »Denn des Herren Wort ist wahrhaftig; und was er zusagt, das hält er gewiß!« (Psalm 33, 4)

Zwar wird im gesamten Neuen Testament Christus nur hier in diesem Sendschreiben »der Heilige« genannt. Doch im Gesamtzeugnis der Schrift wird dieser christologische Titel gleichwohl einsichtig.

Exkurs:
Dasselbe gilt auch für die folgende auffällige Kennzeichnung Jesu: »Der da hat den Schlüssel Davids, der auftut und niemand schließt zu, der zuschließt, und niemand tut auf« (V 7). Offensichtlich wird hier auf prophetische Gerichts- und Gnadenworte, die über Jerusalem ergehen, angespielt. Jesaia soll u. a. den Sturz des königlichen Schatzmeisters Sebna ankündigen und fährt dann fort: »So spricht der Herr: Und zu der Zeit will ich rufen meinen Knecht Eljakim, den Sohn Hilkias...« Der soll dann Rock und Gürtel des Schatzmeisters als Zeichen seiner Amtswürde tragen. »Und«, so geht der Wahrspruch weiter, »will die Schlüssel zum Hause Davids auf seine Schulter legen, daß er auftue und niemand zuschließe, daß er zuschließe und niemand auftue« (Jes 22, 20–22). Dem Amt des Schatzmeisters entsprach das Amt des Haus- und Hofmeisters. Er war verantwortlich für den gesamten königlichen Hof. Er entschied, wer zur Audienz beim König zugelassen, wem aufgeschlossen und wer ausgeschlossen wurde. Hier aber in dem Spruch des Propheten wird der Haus- und Hofmeister Eljakim, selber ein Prinz aus königlichem Geblüt, zum Typos des kommenden Christus.[6] In dem Davididen Eljakim zeichnet sich das Bild des kommenden Christus ab, der die Vollmacht hat, Zutritt zum Reich Gottes[7] zu gewähren bzw. auszuschließen.
Unser Sendschreiben sieht diese Ankündigung in Jesus Christus erfüllt. Nicht nur weil auch er – wie einst Eljakim – aus davidischem Geblüt war, sondern weil sein Opfergang nach Golgatha die Versöhnung schlechthin gestiftet hat; die Versöhnung zwischen dem heiligen Gott und dem unheiligen Menschen. Sein Tod und seine Auferstehung hat ihn in das Amt des Schlüsselinhabers und Pförtners eingesetzt. Sowohl Markus als auch Matthäus berichten, daß im Augenblick des Todes Jesu »der Tempelvorhang von oben an bis unten aus zerrissen sei« (Mk 15, 38; Matth 27, 51). In diesem Geschehen – so äußerlich und nebensächlich es zunächst auch erscheinen mag – verbirgt sich eine tiefe Symbolik. Der Tempelvorhang trennte im Jerusalemer Tempel das Heilige vom Allerheiligen, und nur einmal im Jahr – am großen Versöhnungstag – durfte der Hohepriester mit Opferblut das Allerheiligste betreten und vor dem

---

[6] Vgl. auch H. Lilje, S. 108.
[7] Davids Reich soll nach allen Verheißungen ein ewiges Reich sein.

Angesicht des Herrn erscheinen. Dadurch aber, daß Gott in Christus war und die Welt mit sich selber versöhnte (2. Kor 5, 19) sind nicht nur alle Opfer der Welt erfüllt und durch dieses eine Opfer gegenstandslos geworden, sondern hinfort ist auch der Zugang ins Allerheiligste, der Weg zum Vater, frei geworden. Der Haus- und Hofmeister Christus hat uns die Pforte zu Gott und zum ewigen Leben aufgeschlossen. Hat er aber aufgeschlossen kraft Seines »Kreuzesschlüssels«, dann kann kein Satan, kein Verkläger, kein Gesetz, keine Sünde und kein Tod mehr zuschließen. Im Glauben an Christus ist uns durch ihn aufgetan. Für den Unglauben freilich fällt die offene Pforte wieder zu. Dann ist der Tempelvorhang noch immer die Trennlinie zwischen Tod und ewigem Leben. Das verachtete Christuswort fällt auf den Verächter zurück. Obwohl auch ihm aufgeschlossen war, versperrt er sich im Unglauben den Zugang zum Vater. Christus schließt wieder zu, und niemand tut auf. Es gibt auch ein Zuspät!

Im Hebräerbrief wird auf das »Heute« verwiesen, an dem wir noch Raum haben zur Umkehr, an dem das Tor, die Pforte, die Tür zum Vaterhaus, noch offensteht: »Ermahnt euch selbst alle Tage, solange es ›heute‹ heißt, daß nicht jemand verstockt werde durch Betrug der Sünde« (Hebr 3, 13; 4, 7) – »Heute ist die Schrift erfüllt vor euren Ohren«, verkündet Jesus in seiner heimatlichen Synagoge den dort Versammelten (Luk 4, 21). »Heute ist diesem Hause Heil widerfahren«, ruft er dem Oberzöllner Zachäus auf seinem Feigenbaum zu und kehrt ein in dessen Haus, in das Haus dieses aus der Synagogengemeinde Ausgeschlossenen – und er schließt ihm damit wieder das Haus des Vaters auf. Der verlorene Sohn kann und darf wieder heimkehren. Alle diese Hinweise stellen uns Jesus als den endzeitlichen Schlüsselverwalter des Reiches Gottes vor. An Seiner Person führt in Glaube oder Unglaube kein Weg vorbei. Er hat die Schlüsselgewalt und niemand sonst!

Exkurs: Die Schlüsselgewalt Christi und die Schlüsselgewalt des Petrus

Die Schlüsselgewalt Christi wurde im Verlauf der Kirchengeschichte von den römischen Bischöfen als den vermeintlich legitimen Nachfolgern des Petrus allein beansprucht. Hat Christus diese Schlüsselgewalt nicht dem Petrus übertragen? »Ich will dir des Himmelreiches Schlüssel geben: Alles, was du auf Erden binden wirst, soll auch im

Himmel gebunden sein, und alles, was du auf Erden lösen wirst, soll auch im Himmel los sein« (Matth 16, 19), sagt er seinem Jünger. Das gesamte römische Kirchenrecht des »Corpus juris canonici« einschließlich Bann, Inquisition, Interdikt, des Indexes verbotener Bücher und päpstlicher Unfehlbarkeit scheint auf dieser »petrinischen« Schlüsselgewalt zu beruhen. Wie also verhalten sich Schlüsselgewalt Christi und Schlüsselgewalt des Petrus zueinander? Oder verbirgt sich hier ein folgenschwerer Trugschluß? Kann Christus seine Schlüsselgewalt, die in seinem einzigartigen Opfertod ihren Ursprung hat, an Menschen weitergeben? Und wenn, in welchem Sinne?

Das Matthäus-Evangelium selbst gibt uns eine erste weiterführende Antwort. In Matthäus 18, 15 ff. erörtert Christus die Frage, was in der Gemeinde zu geschehen habe, wenn ein Bruder am anderen schuldig wird. (Im Blick auf die Schwestern in der Gemeinde gilt analog das gleiche.) Zunächst soll Bruder dem Bruder unter vier Augen vergeben. Wird keine Lösung gefunden, dann erfolgt im Beisein von zwei oder drei Zeugen eine Aussprache. Erst danach gehört der Konflikt vor die Gemeinde. Im Hören wird der Bruder wiedergewonnen. Verweigert er das Hören und Vergeben, so soll er wie ein Heide oder Zöllner geachtet werden. Das alles wird zusammengefaßt und bekräftigt in einem fast gleichlautenden Wort wie das an Petrus: »Wahrlich, ich sage euch: Was ihr auf Erden binden werdet, soll auch im Himmel gebunden sein, und was ihr auf Erden lösen werdet, soll auch im Himmel los sein (Matth 18,18). Schließlich gipfelt das Ganze in der Zusage: »Denn wo zwei oder drei versammelt sind in meinem Namen, da bin ich mitten unter ihnen« (Matth 18, 20).

Die Gemeinde ist der Ort der Gegenwart Christi. In ihrer Mitte übt Christus seine Schlüsselgewalt aus. Er bleibt der Hausverwalter, der endzeitliche »Eljakim«, der auftut, und niemand schließt zu, »der zuschließt, und niemand tut auf«. Seine Vollmacht besteht im Sündenvergeben und -behalten. Aber in dieser Weltzeit hat er Menschen zu seinen Mitarbeitern berufen. Durch Menschenmund übt er seine Schlüsselgewalt aus. Bestätigt wird diese Sicht im Johannesevangelium. Der Auferstandene übergibt seine Vollmacht an seine Jünger und damit nicht dem Petrus allein, sondern seiner ganzen Gemeinde. Der Auferstandene haucht die Seinen an und spricht: »Nehmet hin den Heiligen Geist! Welchen ihr die Sünden

erlasset, denen sind sie erlassen; und welchen ihr sie behaltet, denen sind sie behalten« (Joh 20, 22)!
In dieser Schlüsselgewalt geht es weder um päpstliche Unfehlbarkeit noch um die Einzigkeit eines sog. Petrusamtes noch um Inquisition oder Index, noch nicht einmal um Kirchenrecht. Es handelt sich ausschließlich um die in seelsorgerlicher Verantwortung zu übende Vergebung der Sünde. Dem erschrockenen Sünder wird im Namen Christi vergeben. Dem unbußfertigen, dem verstockenden Sünder kann dagegen nicht vergeben werden. Der, der Vergebung empfängt, hat wieder freien Zugang zum Reich Gottes. Er kann bestehen im letzten Gericht. Dem Unbußfertigen bleibt die Pforte verschlossen. Ihm bleibt nur das Gericht. Diese Vollmacht ist noch nicht einmal besonderen Amtspersonen übertragen. Sie gehört in der Kraft des Heiligen Geistes der ganzen Gemeinde. Bruder kann dem Bruder, Schwester kann der Schwester, Christen können untereinander einander vergeben. Das schließt freilich die besondere ordentliche Berufung eines Pastors, eines Hirten nicht aus, sondern ein, so wie umgekehrt die Vollmacht, Sünden zu vergeben, nicht an das besondere Amt gebunden ist.
Das Augsburgische Bekenntnis von 1530 fordert deshalb, daß man die Gemeinde sorgfältig unterweisen solle, »wie tröstlich der Zuspruch der Vergebung ist und wie hoch die Absolution (die Lossprechung) geachtet werden muß. Denn es ist nicht die Stimme des vor uns stehenden Menschen oder sein Wort, sondern das Wort Gottes selbst, das hier die Sünde vergibt. Die Vergebung wird an Gottes Statt und in seinem Auftrag zugesprochen... Wir (aber) sollen den Trost der Absolution fröhlich annehmen und wissen, daß wir durch diesen Glauben Vergebung der Sünden erlangen.« (Artikel 25)

Offensichtlich hat die Gemeinde von Philadelphia um diese tröstliche und befreiende Schlüsselgewalt des Wortes gewußt. Sie ist nämlich die einzige Gemeinde unter den sieben Gemeinden, die nicht getadelt wird. Wiederum bestätigt ihr der Herr der Gemeinde, daß er ihre Werke kennt und nichts daran zu tadeln hat. Auch hier umschreiben »die Werke« den gesamten Christenstand der Gemeinde im Verkündigen und Hören, in Gebet und Anbetung und in den Werken der Liebe.

Deshalb ist auch eine offene Tür gegeben (V 8), die ihr keine Macht der Welt wieder zusperren kann. Auf den ersten Blick könnte mit der »offenen Tür« die Möglichkeit zur Mission gemeint sein. So kann z. B. Paulus der Gemeinde in Korinth voller Freude mitteilen, daß ihm in Mazedonien »eine große Tür« aufgetan sei (1. Kor 16, 9). Auch in Troas sei ihm eine Tür aufgetan worden (2. Kor 2, 12). Es ist dies eines der Geheimnisse der Mission und der Geschichte der Kirche im Verlauf von Jahrhunderten, daß es Zeiten gibt, in denen das Evangelium auf fruchtbaren Boden fällt, und daß der Verkündigung alle Türen offen stehen. Das sind dann die Segenszeiten der Völker und Gemeinden. Paulus freilich weiß auch, daß trotz der offenen Tür »viel Widersacher« da sind (1. Kor 16, 9). Ohne Widerstand geht es trotz der »offenen Türen« nicht ab. Dem Wort vom Kreuz wird immer auch widersprochen, auch wenn – menschlich gesehen – »Erfolge« zu verzeichnen sind. Ebenso ist es ein Geheimnis der Geschichte, warum sich ohne äußere Anzeichen die Türen plötzlich schließen und die Zeit der Erweckung und Erneuerung wieder abklingt.

In unserem Sendschreiben ist allerdings mit der »offenen Tür« für die philadelphische Gemeinde der freie, offene Zutritt zu Gottes Reich und Ewigkeit charakterisiert. Sie steht als Gemeinde schon an der offenen Tür, an der Schwelle zu Gottes Reich. Dies wird ihr bestätigt, weil sie sich ganz in den oben skizzierten Werken einer christlichen Gemeinde bewährt. Sie lebt aus dem Wort Gottes, und sie ist ganz erfüllt vom Geist Gottes, der aus dem Evangelium spricht. Von Haus aus hat sie nur eine »kleine Kraft« (V 8) – sei es, daß sie klein an Zahl ist, sei es, daß sie sich ihrer ganzen Menschenohnmacht bewußt ist. Doch noch immer ist Gottes Kraft in unserer Schwachheit mächtig (2. Kor 12, 9). Weil die Gemeinde das Wort behalten hat und den Namen Christi bekannt hat, deshalb ist ihre kleine Kraft auf eine geheimnisvolle Weise eine große geistliche Vollmacht. Schon das alttestamentliche Gottesvolk wird deshalb ermahnt, den Geboten und Rechten des Herrn nichts dazuzutun und auch nichts davonzutun, daß sie die Gebote des Herrn bewahren möchten (5. Mose 4, 2). Die Gebote des Herrn, darunter versteht die Schrift »die Torah«, die Gesamtheit aller Verheißungen Gottes (Ich bin der Herr, *dein* Gott) und seiner Bundessatzungen. Das gilt ebenso auch für die Gemeinde Jesu Christi. Das Evangelium muß freilich den Menschen der jeweiligen Zeit sachgemäß und »ein-dringend« verkündigt werden. Nie aber darf es verkürzt und nie darf es ergänzt werden. Es ist in seinem Kern zureichend und kräftig genug, Menschen aus ihren gottlosen Bindungen herauszureißen. Verkürzungen schwächen das Wort ebenso wie Ergänzungen, die es vermeintlich stärken.

Die Gemeinde von Philadelphia ist diesen verhängnisvollen Fehlern nicht verfallen. Dies ist der stille Ruhm dieser kleinen Christengemeinde. Dieser Ruhm ist kein Selbstruhm – vermutlich war man sich in Philadelphia gar nicht dessen bewußt –, aber dieser »Ruhm« wird nicht nur durch dieses Sendschreiben, sondern durch einen Brief des Märtyrerbischofs Ignatius von Antiochien ein halbes Menschenalter später bestätigt. Auf seiner letzten Fahrt als Gefangener nach Rom, seinem Martyrium entgegen (um 115 n. Chr.), wendet er sich in Abschiedsbriefen auch an die Gemeinde von Philadelphia. Gemäß apostolischem Vorbild wendet er sich an »die Kirche Gottes in Philadelphia«. Er charakterisiert die Gemeinde mit den Worten: »Die Erbarmen gefunden hat und gefestigt ist in Gottes Eintracht, die ohne Wanken im Leiden unseres Herrn frohlockt und vollkommen ist von seiner Auferstehung in allem Erbarmen.[8] Wir wissen auch, daß im Zusammenhang mit dem Martyrium das o. g. Polykarp von Smyrna auch elf Gemeindeglieder aus Philadelphia den Märtyrertod starben.

Kennzeichnend für die Lage der Gemeinde sind wohl auch die Schwierigkeiten, die der Gemeinde von der zahlenmäßig starken Judenschaft der Stadt entstanden sind. Wiederum ist auch in diesem Sendschreiben von des »Satans Synagoge« die Rede (V 9). Wiederum taucht der Vorwurf auf, sie beanspruchten Juden zu sein und sind's doch nicht. Nur jene sind »wahre« Israeliten, »an denen kein Falsch ist«, die wie Nathanael des Glaubens an Christus sind (Joh 1, 47). Die Zugehörigkeit

---

[8] »Die apostol. Väter«, Darmstadt 1976, 1. Teil, S. 195.

zu Christus zählt Menschen zum Volk Gottes. In diesen Zusammenhang gehört auch eine Bemerkung des Märtyrerbischofs Ignatius von Antiochien in seinem eben genannten Brief nach Philadelphia. »Wenn euch aber jemand Judentum vorträgt«, schreibt er, »so hört nicht auf ihn! Denn es ist besser von einem beschnittenen Manne Christentum zu hören als von einem Unbeschnittenen Judentum. Wenn aber beide nicht von Jesus Christus reden, so sind nur dies Grabsäulen und Totenhügel, auf denen nur Menschennamen stehen.«[9] Dies alles könnten Anspielungen sein auf das uns vorliegende Sendschreiben. Der Beschnittene, der Christus verkündigt, wird von den Juden verworfen. Der Unbeschnittene aber, der Judentum predigt, d. h. der eine neue Gesetzlichkeit verkündigt, der mag zwar bei den Juden trotz seines Unbeschnittenseins Anerkennung finden, aber er verrät die Freiheit, die wir in Christus haben. Ohne Christus und sein Wort sind sie ohnehin nur Grabsäulen, Totenhügel.

Demgegenüber weiß dieses Sendschreiben, daß der, der Christus die Treue hält und durch Verfolgung, Spott und Tod überwindet, zur Säule, zum »Pfeiler«, wird im Tempel Gottes (V 12). Dies gilt für die Apostel, die Säulen genannt werden (Gal 2, 9); das gilt aber ebenso für eine Gemeinde, die das »Wort der Geduld Christi« bewahrt hat. Es war die Geduld Christi, die uns durch Tod und Hölle nicht nur ertragen, sondern auch hindurchgetragen hat. Dies zu wissen, bewahrt die Gemeinde. Es ist Christus, der sie hält und trägt.

Das Bild von der Säule im Tempel Gottes ist auch dem Judentum bekannt. Rabbi Jochanan bezeichnet Abraham als »Pfeiler der Welt«; ist doch sein Name unlösbar mit der Verheißung verbunden, daß durch seinen Samen alle Völker der Welt gesegnet werden. Die Christen haben erkannt, daß durch Christus der Abrahamsegen zu allen Völkern gekommen ist. Das Evangelium Jesu Christi gilt Juden ebenso wie den Heiden, den Völkern. Der Tempel Gottes aber ist nun nicht mehr das steinerne Gebäude in Jerusalem, das längst dem Untergang verfallen war.

---

[9] Die apostolischen Väter, S. 199.

Die Gemeinde Christi aus Juden und Heiden, das ist der geistliche Tempel, in den die Glaubenden als lebendige Steine eingefügt werden (vgl. 1. Petr 2, 5). Philadelphia aber wird um seiner Treue und Standhaftigkeit willen zu einem Pfeiler dieses Tempels. Treue und Standhaftigkeit, die aus der Treue Christi erwächst, Standhaftigkeit, die vom Wort des Christus nichts preisgibt, wird bis ans Ende der Zeit Grundlage, Fundament oder tragende Säule der Kirche sein und bleiben. Dort aber, wo Christus verschwiegen wird, wo sein tragendes Wort »umgeformt« wird zu einer allgemeinen Menschenweisheit, da tragen nicht lebendige Säulen die Gemeinde, sondern »Grabsäulen« sind's, um mit Ignatius zu reden. »Grabsäulen« freilich tragen auch Namen. In die Säulen von Olympia sind die Namen der olympischen Sieger eingeschnitten. Aber es sind tote Namen. Man verbindet nichts mehr mit ihnen.
Ganz anders dagegen die Namen, die auf den lebendigen Säulen stehen, die die Gemeinde tragen (V 12). Diese Namen sind nie vergessen, weil unser Gott unsere Namen kennt, weil uns Christus bei unseren Namen gerufen hat. Nicht Totenhügel – um wieder mit Ignatius zu reden – decken uns, sondern wir schmecken die Auferstehung von den Toten. Die Grabhügel öffnen sich, und wir werden Bürger des neuen Jerusalem, der Stadt, der Burg unseres Gottes. Mein alter, vergänglicher Menschenname wird abgelöst von dem neuen Namen, der da heißt: Der mit der Krone, der mit dem Siegeskranz des Überwinders Ausgezeichnete (V12). Im Anschluß an das am Anfang über diesen Bischof Demetrius Ausgeführte könnte man auch sagen: Mein alter todgeweihter Name wird vom Namen Christi umschlungen und umfangen, getragen und bewahrt zum ewigen Leben, weil er im Glauben in mir lebt. Mag ein siegreicher Athlet oder Olympiasieger mit dem Kranz gekrönt werden, so ist das doch nur wertloser Plunder, ebenso wie aller Menschenruhm wertloser Plunder ist.
Seit seiner Auferstehung trägt Christus den Kranz des Siegers, die Krone des ewigen Lebens; und er krönt auch uns, die wir mit ihm im Glauben eins geworden sind. Man kann diese Krone freilich auch wieder verspielen, wenn unser Vertrauen schaal und kraftlos wird, wenn wir uns nicht mehr vom Heiligen Geist »strafen« und ziehen und je neu besiegen lassen.

Nur als von Wort und Geist Besiegte sind wir Sieger mit dem Kranz ewigen Lebens. Deshalb die Mahnung: »Halte, was du hast, daß niemand deine Krone nehme!« (V 11) Immer ist diese Mahnung zum Festhalten der Krone verbunden mit der Ankündigung: »Siehe ich komme bald!« (ebenda) Dieses »Bald« hat immer wieder zu allerlei Zahlenspekulation und zu zeitlichen Berechnungen verführt. Doch dieses »Bald« muß vor dem Hintergrund des Christusgeschehens gesehen werden. Immer wieder muß daran erinnert werden, daß es seit Christi Auferstehung »heute« heißt, daß die Zeit »nahe« ist, daß der Morgenstern schon am nächtlichen Himmel steht. Christus ist dieser Morgenstern, der den nahen Tag der Ewigkeit ankündigen wird, an dem Gott sein wird alles in allem (1. Kor 15). Wieviel Menschenzeit darüber noch verstreichen wird, ist unwesentlich. Im Glauben werde ich schon mithineingerissen in diesen anbrechenden Gottestag. Das gibt der Mahnung »Halte, was du hast...« (V 11) seine Dringlichkeit. Es ist »heute«, Zeit der Umkehr! Morgen kann es zu spät sein.
Die Dringlichkeit des »heute« muß die ganze Verkündigung der Kirche durchziehen. Friedrich von Bodelschwinghs Mahnung »Sie (die Heiden) sterben sonst darüber«, hat in dieser Perspektive ihre volle und geistliche Berechtigung. Das gilt aber nicht nur für jene Heiden draußen auf dem Missionsfeld, das gilt in gleichem Maße auch für unsere Gemeinden. Auch sie stehen unter dem »Siehe ich komme bald ...!« Auch sie könnten darüber sterben, und wir sind schuldig geworden, weil wir Entscheidendes versäumt haben. Das gilt aber auch für unsere Mitgenossen in den Wehen der Endzeit, in jener Stunde der Prüfung, die über den ganzen Erdkreis kommen wird! Wie unverantwortlich ist da der heute oft geforderte Verzicht auf Judenmission. Der Christusruf an das Gottesvolk des alten Bundes bleibt der Gemeinde Jesu Christi aufgetragen. Juden und Christen sollen *in* Christus Sein Volk werden, die Befreiten des Herrn. »Siehe, ich will sie dazu bringen, daß sie kommen sollen und zu deinen Füßen niederfallen und erkennen, daß ich dich geliebt habe.« (V 9) Damit vollzieht sich eine revolutionäre Umwertung. Nicht die Heiden kommen, um Israel zu huldigen, nicht die Völker wallfahrten zum Zion, sondern – umgekehrt – die Juden huldigen den Heiden, die

sich zu Christus bekennen; denn Gottes Zion ist da, wo Christus als der Auferstandene mitten in seiner Gemeinde weilt. Christus hat die Gemeinde geliebt. Es ist dieselbe Liebe Christi, die am Ende der Geschichte auch sein irdisch-leibliches Volk überwinden und heimholen wird in das neue, ewige Jerusalem! Auch das sind Zeichen der Zeit.

»Wer Ohren hat, der höre ...«

Laodicea
(Offb 3, 14–22)

¹⁴ Und dem Engel der Gemeinde in Laodicea schreibe: Das sagt, der Amen heißt, der treue und wahrhaftige Zeuge, der Anfang der Schöpfung Gottes:
¹⁵ Ich kenne deine Werke, daß du weder kalt noch warm bist. Ach, daß du kalt oder warm wärest!
¹⁶ Weil du aber lau bist und weder warm noch kalt, werde ich dich ausspeien aus meinem Munde.
¹⁷ Du sprichst: Ich bin reich und habe genug und brauche nichts! und weißt nicht, daß du elend und jämmerlich bist, arm, blind und bloß.
¹⁸ Ich rate dir, daß du Gold von mir kaufst, das im Feuer geläutert ist, damit du reich werdest, und weiße Kleider, damit du sie anziehst und die Schande deiner Blöße nicht offenbar werde, und Augensalbe, deine Augen zu salben, damit du sehen mögest.
¹⁹ Welche ich liebhabe, die weise ich zurecht und züchtige ich. So sei nun eifrig und tue Buße!
²⁰ Siehe, ich stehe vor der Tür und klopfe an. Wenn jemand meine Stimme hören wird und die Tür auftun, zu dem werde ich hineingehen und das Abendmahl mit ihm halten und er mit mir.
²¹ Wer überwindet, dem will ich geben, mit mir auf meinem Thron zu sitzen, wie auch ich überwunden habe und mich gesetzt habe mit meinem Vater auf seinen Thron.
²² Wer Ohren hat, der höre, was der Geist den Gemeinden sagt!

Die Stadt Laodicea ist im Reigen der sieben Städte, an die sich die Sendschreiben richten, zwar die letzte, aber gleichwohl nicht die unbedeutendste. Östlich von Ephesus und südlich von Philadelphia am Südufer des schon erwähnten Lykosflusses gelegen, läßt sich in Laodicea schon früh eine christliche Gemeinde nachweisen. Schon im Kolosserbrief erwähnt der Apostel den geistlichen Kampf, den er nicht nur um die Gemeinde in Kolossae, sondern auch »um die in Laodicea« führen mußte (Kol 2, 1). Ausdrücklich erwähnt der Kolosserbrief den Epaphras, einen »Knecht Jesu Christi«, der »allezeit für euch ringt für euch mit Gebeten«; auch habe er »großen Fleiß« aufgewandt »um die zu Laodicea und Hierapolis« (Kol 4, 12–13). Damit treten neben Laodicea auch die beiden anderen Städte am Lykosfluß, Kolossae und Hierapolis, in unseren Gesichtskreis; denn in allen drei Städten gab es christliche Gemeinden, hatte die Botschaft von Jesus Christus in den Herzen von Juden und Heiden Wurzel geschlagen; gewiß Auswirkungen der intensiven Missionstätigkeit des Apostels in Kleinasien. Doch auch der große Völkerapostel ist bei seiner Predigt auf treue Helfer angewiesen. Entscheidend scheint dabei das Wirken des schon erwähnten Epaphras gewesen zu sein. Er dürfte, wenn nicht der Gründer dieser Gemeinden, so doch einer der ersten und wichtigsten Christuszeugen in dieser Region (Kolossae, Laodicea und Hierapolis) gewesen sein; denn der Kolosserbrief weist die dortige Gemeinde auf das hin, was sie von Epaphras gelernt hat (Kol 1, 7). Nicht von ungefähr wird deshalb im Kolosserbrief auch ein apostolisches Schreiben nach Laodicea erwähnt: »Und wenn der Brief (Kol.-Brief) bei euch gelesen ist, so schaffet, daß er auch in der Gemeinde zu Laodicea gelesen werde und daß ihr den von Laodicea leset« (Kol 4, 16).

Diese Bemerkung gibt uns einen guten Eindruck in das allmähliche Werden des Neuen Testamentes. Die apostolischen Briefe werden, auch wenn sie an eine bestimmte Gemeinde addressiert sind, untereinander ausgetauscht, abgeschrieben und im Gottesdienst der Gemeinde verlesen; denn die apostolische Botschaft ist – auch in schriftlicher Form – Gottes Wort. Was der einen Gemeinde gilt, ist auch für jede andere Gemeinde, ja für die ganze Christenheit, Zusage Jesu Christi, Ermahnung, Trost und Ermutigung. Immer, überall und zu allen Zeiten sind es dieselben Anfechtungen und Versuchungen (wenn auch in gewandelter Gestalt), die die Gemeinden bedrohen. Sie bedürfen ständig des rettenden, heilsamen

Evangeliums.[1] Keine Gemeinde lebt neben der anderen her. Es besteht geistlicher Austausch im Glauben und in der Liebe. Zwar repräsentiert jede Gemeinde die ganze Kirche Jesu Christi, die in Rom, Korinth, Ephesus oder Kolossae ihr Wesen hat.[2] Sie ist Gemeinde Gottes, weil Christus in ihrer Mitte wohnt durch »Wort und Tauf und Nachtmahl«. Insofern ist sie selbständig. Aber gerade weil sie die Gemeinde Christi, das Volk Gottes, repräsentieren, sind sie auch untereinander Glieder am Leibe Christi, weil es derselbe Herr ist, der in Kolossae oder Ephesus sich sein Volk sammelt. Deshalb der rege Austausch etwa zwischen Kolossae und Laodicea. Das einende Evangelium ist entscheidend und nicht die räumliche Nähe in Phrygien. Das Wohlergehen der einen Gemeinde, ihre Anfechtungen und Versuchungen, ihre Freude und ihr Leid kann den anderen Christengemeinden niemals gleichgültig sein. »Und so ein Glied leidet, so leiden alle Glieder mit, und so ein Glied wird herrlich gehalten, so freuen sich alle Glieder mit (1. Kor 12, 26). Hier und dort, damals und heute, ist es derselbe Herr, der sich seine »ganze Christenheit auf Erden beruft, sammelt, erleuchtet, heiligt und bei Jesus Christus erhält im rechten, einigen Glauben« (Luther: Kleiner Katechismus). Das Wort an die Gemeinde von Laodicea geht alle an. Ihr Versagen kann zum Versagen auch anderer Glieder am Leibe Christi werden. Auch sie könnte der Herr »ausspeien« aus seinem Munde (Offb 3, 16); und ihnen allen gilt – wie denen von Laodicea – das letzte Anklopfen des Herrn und die Einladung zum

---

[1] Ob jener erwähnte Paulusbrief nach Laodicea für uns verloren ist oder ob er, wie manche Forscher meinen, identisch ist mit unserem Epheserbrief, diese Frage kann und braucht hier nicht entschieden zu werden. Die These entstand, weil einige Handschriften des Epheserbriefes nicht die Gemeinde von Ephesus als Adressatin nennen, sondern es offen lassen. Dann wäre unser Epheserbrief ursprünglich ein apostolisches Rundschreiben gewesen, das auch nach Laodicea ging, auch wenn es von Ephesus ausgesandt worden sein mag. Aber das kann hier – wie schon angedeutet – auf sich beruhen bleiben. Doch macht dieser etwas komplizierte Sachverhalt deutlich, wie eng die einzelnen christlichen Gemeinden in jener apostolischen Zeit miteinander verflochten waren.
[2] So die sinngemäße Umschreibung der apostolischen Anrede an die »Gemeinde Gottes in Korinth« etc.

==endzeitlichen Abendmahl im Reiche Gottes (Offb 3, 20). So »katholisch«, d. h. so »allumfassend«, ist jenes Sendschreiben nach Laodicea.==
Zu seinem Verständnis ist es – wie bei allen sechs Sendschreiben vorher – notwendig, die geistig-kulturelle Umwelt, in der diese Christengemeinde lebt, zu kennen und zu verstehen. Denn in dieser »hellenistischen« Welt hat die Gemeinde ihr Zeugnis auszurichten; und aus dieser von Götterkult, Sexualvergötzung und grenzenloser Liberalität geprägten Umwelt dringen tausend Stimmen verwirrend und verführerisch auf die Gemeinde ein. *Darin* sind jene laodiceanischen Christen in Anfechtung und Bewährung, in Verführung und Widerstand, in Versagen, Schuld und möglicher Wiederannahme durch den HERRN über fast zwei Jahrtausende hinweg unsere Zeitgenossen.

Exkurs: Naturreligiöse Spuren
   in der Entstehungsgeschichte Laodiceas
Laodicea war um 240 vor Christus von dem Seleucidenkönig Antiochus II., einem der Erben des Reiches Alexanders des Großen, gegründet worden. Antiochus II. benannte die Stadt nach seiner Schwester und Gemahlin Laodice. Auch für die griechisch-römische Welt galt normalerweise eine Geschwisterehe als schändlicher Inzest. In Rom standen schwere Strafen darauf. Dennoch kannte die damalige Welt aus religiösen Gründen Geschwisterehen in Herrschergeschlechtern (so etwa bei ägyptischen Pharaonen), da sich diese als »göttlich« verstanden und als Gottheiten verehrt wurden. Antiochus II. führte z. B. den Beinamen »Theos«. Er galt also als ein Gott unter der Vielfalt von Göttern. Die Schwester aber entstammte dem gleichen göttlichen Geschlecht. Was liegt näher, daß sich »Göttliches« mit »Göttlichem« paart, damit die »göttliche Substanz« gemehrt und gesteigert wird, damit nichts an »Göttlichem« verloren gehe. Urbild dieses Denkens ist das altgriechische Götterpaar Zeus und Hera. Auch sie galten als Bruder und Schwester, denn sie waren beide Kinder des Kronos. In der Paarung von Zeus und Hera umarmt und befruchtet der Himmel die Erde. Aus ihrer Umarmung aber sprießt neues Leben. Königliche Geschwisterehen sind nur vor diesem Hintergrund verständlich. Dahinter aber verbirgt sich die tiefverwurzelte Furcht, »Göttliches« könnte gemindert werden, könnte

sich im Nichtigen verlieren. Es muß deshalb nicht nur bewahrt werden, es muß sich mehren, steigern, damit es nicht vom Chaos verschlungen werde. Dieses »Göttliche« aber ist vergötterte Naturkraft und zugleich die Selbsterhöhung des Menschen, der sich in Zeus selber erkennt und anschaut und doch vom Chaos bedroht ist, das er in »heiliger Hochzeit« zu bannen trachtet.
Man darf nicht verkennen, daß sich diese naturreligiöse Entstehungsgeschichte der Stadt Laodicea dem kollektiven Unterbewußtsein ihrer Bewohner über Generationen hin tief eingeprägt und daß diese »natürliche Religiosität« ihr Denken und Handeln bestimmt hat. Gegen diese tiefverwurzelte Religiosität wendet sich der Sendbrief nach Laodicea.

Der Brief beginnt mit einer Selbstvorstellung Christi: »Das sagt, der *Amen* heißt, der treue und wahrhaftige Zeuge, der Anfang der Schöpfung Gottes« (V 14). Die Selbstvorstellung Christi aber entspricht der Selbstvorstellung Gottes im Alten Testament. Im 65. Kapitel des Jesaiabriefes heißt es u. a.: »Darum spricht der Herr Herr (= Herr Jahwe) also ... daß welcher sich segnen wird auf Erden, der wird sich in dem *wahrhaftigen* Gott segnen, und welcher schwören wird auf Erden, der wird bei dem *wahrhaftigen* Gott schwören; denn der vorigen Ängste ist vergessen« (Jes 65, 13. 16 f.). Segnen ist kein Menschenwunsch. Der Segen ist keine Naturkraft, keine Sexualkraft und weder identisch mit Vernunft noch mit kluger Einsicht. Segnen ist allein in dem »wahrhaftigen Gott« möglich. Im hebräischen Urtext ist hier wörtlich vom »Gott Amen« die Rede. Man könnte auch mit »Gott der Treue« übersetzen.[3] »In allen Fällen (aber) ist das Amen die Anerkennung eines Wortes, das feststeht.«[4] Gott spricht ein Wort; er verspricht sich den Menschen in Treue. Gott ist in seinem Wort »*wahrhaftig*« und zuverlässig. Auf ihn ist Verlaß. D. i. das Wesen seiner Gottheit! Darin unterscheidet sich der wahre Gott von allen Göttern der Heiden. Zeus z. B. ist nie wahrhaftiger Gott. Auch Trug und List kenn-

---

[3] So F. Delitsch: Jesaia, 1879, 5. Auflage, Brunnenverlag, Gießen 1984, S. 664; ebenso M. Haller in »Schriften des A. T., Göttingen 1921, Bd. 3/I, S. 146.
[4] Hch. Schlier in ThWBNT Bd. 1, S. 339.

zeichnen ihn. Götter können sterben, und die vermeintlich »göttliche« Geschwisterehe, die sich hinter der Namengebung Laodicea verbirgt, ist Selbstbetrug, geboren aus abgründigen Ängsten. Gibt sich aber der »wahrhaftige Gott«, der »Gott Amen«, der »Gott der Treue«, in seinem Wort, dann sind »die vorigen Ängste vergessen« (Jes 65, 16 c). Der »Gott Amen«, der »Gott der Treue«, der sich uns in Wahrheit verspricht, hat nichts, aber auch gar nichts mit Göttern und selbstvergotteten Menschen gemein. Dazwischen gähnt der Abgrund des Nichts, über den nur das Wort des wahrhaftigen Gottes tragen kann.

Hier im Sendschreiben nach Laodicea wird das von keiner Menschenvernunft Erdachte zugleich auch von Christus ausgesagt. *Er* ist der »Gott Amen«! In ihm erweist sich Gott als der »Gott der Treue«. Er verkörpert den wahrhaftigen Gott, der das Wort der Treue bewahrt bis in den Tod. Deshalb heißt er hier auch »der treue und wahrhaftige Zeuge«, der seine Zeugenschaft bis zum Tod am Kreuz bewährt. Deshalb ist in Christus »nicht Ja und Nein, sondern es war Ja in ihm. Denn alle Gottverheißungen sind Ja in ihm und sind Amen in ihm Gott zum Lobe durch uns« (2. Kor 1, 19 f.).

Der Gekreuzigte, dieser geschundene, gegeißelte, verhöhnte, angespieene und unter furchtbaren Qualen hingerichtete Mensch, ist der verläßliche Zeuge Gottes, in ihm bewährt Gott sein Amen bis in Tod und Hölle hinein. Da ist kein Schwanken, kein Zurückweichen, kein Ja und kein Nein, keine Zweideutigkeit, sondern eine Eindeutigkeit, die Gericht und Hölle aushält und so überwindet. Gott ist dieser Gekreuzigte, und dieser Verfluchte und Geschundene ist Gott. Unserer Vernunft ist das eine Absurdität und eine Ungeheuerlichkeit ohnegleichen. Aber alle Menschenvernunft ist »von Natur« heidnisch vorchristlich, es sei denn, sie wird von Gottes Geist erleuchtet durch den »treuen und wahrhaftigen Zeugen«. Dieser Gott muß nicht ängstlich darauf bedacht sein, sein Gottsein zu bewahren. Er bedarf keiner Göttin, um göttliche Substanz zu wahren oder zu mehren. Der wahrhaftige Gott kann sich »entäußern« (Phil 2, 7), er kann gering und verachtet werden wie dieser Mensch von Nazareth. Er kann sich und sein Geschick in die erbarmungslosen Hände der Menschen legen. Er kann sich Schuld und Sünde der Menschenwelt anrechnen lassen, kann sich verdammen, verurteilen, zu Tode quälen lassen und alle Höllen durchleiden und bleibt dennoch der »Gott Amen«, der eine »wahrhaftige Gott«, der *so* unsere unendliche Verlorenheit nicht nur erträgt, sondern sie zum ewigen Leben überwindet. In dem verworfenen Menschen Jesus von Nazareth hält Gott seine Gottheit durch. Deshalb ist und bleibt dieser Jesus Christus »der Anfang der Schöpfung Gottes«!

Am Anfang aller Dinge ruft Gott sein ewiges »Es werde« in das Nichts hinein. Wie ein Pflug den Acker aufreißt, so reißt das Wort Furchen ins Nichts, und in diesen Furchen werden Himmel und Erde, werden Sonnen und Monde, die Erde mit Pflanzen und Tieren und schließlich wir Menschen. Von Anfang an zielt das Wort auf Dich und mich! Wir sind es, die aus dem Wort ins Dasein gerufen sind. Deshalb sind wir – im Unterschied zu allen anderen Kreaturen »worthaftig«. Gott hat ein Gespräch mit uns begonnen, das Gespräch unseres Lebens, auf das wir ihm vertrauensvoll ant-worten sollen. Das ewige Wort will Deine und meine Antwort. Wehe, wenn wir dem ewigen Wort die Antwort schuldig bleiben.

Tod und Hölle werden dann unser Teil. Doch das Wort vom Anfang, das Gott ist, das Wort Amen, bleibt nicht in ewiger Unberührtheit. Unser selbstgewähltes Verderben bringt I h n auf den Weg. »Und das Wort ward Fleisch« (Joh 1, 14)! Das Wort teilt das Schicksal allen Fleisches, um eben dieses Fleisch umzuwandeln in einen »geistlichen Leib«, um uns herauszuretten aus Schuld, Gericht, Hölle und Tod. Jesus heißt und ist »der Anfang der Kreatur Gottes«, weil das ewige Schöpferwort, dem wir unser Dasein verdanken, in Christus rettend und neues Leben schaffend auf dem Plan ist. Welch eine Erkenntnis! Welche Einsicht! Und welche Freiheit! Im Kolosserbrief, den auch die Gemeinde in Laodicea lesen soll, wird diese Erkenntnis in die weittragenden Sätze zusammengefaßt: In Christus »liegen verborgen alle Schätze der Weisheit und der Erkenntnis«. Nicht in griechischer Philosophie, nicht in göttergleichen Menschen oder Übermenschen sind sie zu finden. Das alles ist dem Tode und der ewigen Verzweiflung geweiht. In Christus »wohnt die ganze Fülle der Gottheit leibhaftig« (Kol 2, 3 u. 2, 9). Götter nehmen aus Lust und Laune eine kleine Weile Menschengestalt an, wie die alten Mythen erzählen. Aber sie bleiben nicht. Sie suchen ihre Kurzweil und ziehen sich wieder auf ihren Olymp zurück. Der »Gott Amen« aber, der treue und wahrhaftige, wird Fleisch, um sich für immer mit uns zu verbinden. »Unser Immanuel, unser Bruder und Freund, herrscht im Himmel«, heißt's deshalb zu Recht in einer Himmelfahrtsbetrachtung Johann Georg Hamanns aus Königsberg in Preußen (1730–1788), den seine Zeitgenossen den »Magus im Norden« nannten. »Die menschliche Natur ist in ihm gekrönt, wird in ihm angebetet, wird in ihm gefürchtet ...; in diesem Erstling grüßt Gott unser ganzes Geschlecht und in unserem Geschlecht die Rettung seiner Gerechtigkeit und die Offenbarung seiner Liebe ... wie sich Gott hernieder ließ um uns in allem gleich zu werden; ... so sollte der Mensch über alle endliche Kreatur erhoben, hinausgerückt und in Gott selbst verklärt werden. Gott wurde ein Sohn der Menschen ...; der Mensch sollte ein Sohn Gottes werden, ein einziger Erbe des Himmels...«[5]

»Aber wer glaubt unserer Predigt?« (Jes 53,1), muß es schmerzvoll enttäuscht auch von der Christengemeinde in Laodicea heißen. Diese einzigartige Christusbotschaft vom fleischgewordenen Wort wurde der Gemeinde nicht vorenthalten, wurde ihr in Vollmacht und mit glühendem Eifer verkündigt. Der Apostel hat – wie schon erwähnt – einen leidenschaftlichen Kampf um die Christen in Kolossae und in Laodicea geführt. Aber das menschliche Herz – auch das von Christen – gleicht dem vierfachen Acker, wie ihn uns Jesus in seinem Gleichnis vor Augen malt: Der festgetretene Weg, auf dem die Saat des Wortes abprasselt und vom Satan weggestohlen wird, der Felsengrund, auf dem das Wort keine tiefen Wurzeln schlagen kann, das dornige Land, auf dem die Saat erstickt, und endlich auch der gute Boden, der Frucht bringt. Es ist nicht unser Verdienst, wenn unser Herz zum »guten Land« wird. Auch dies ist Gnade! Aber die Gnade schließt unsere Verantwortung nicht aus. In der Gemeinde von Kolossae hat das Wort Wurzel geschlagen, es trieb und wuchs, doch

---

[5] J. G. Hamann: Entkleidung und Verklärung, eine Auswahl, herausgegeben von Martin Seils, Eckart-Verlag, Berlin 1963, S. 17f.

dann erstickte das so hoffnungsvoll Begonnene unter Dornen und Disteln, unter den »Sorgen dieser Welt« und im »betrüglichen Reichtum und vielen anderen Lüsten« (Mk 4, 19; Matth 13, 1–13; Luk 8, 4–15). Der heidnische Geist der Götterstadt Laodicea hatte die Gemeinde wieder eingefangen. Und dieser Geist von Laodicea bedroht allenthalben und immer wieder die Gemeinde Jesu Christ. Deshalb die Klage des Sendbriefes: »Ich kenne deine Werke, daß du weder kalt noch warm bist. Ach, daß du kalt oder warm wärest!« (V 15)
Was heißt denn »kalt«, und was heißt »warm«? Oder, was noch mehr ist, »heiß« und »siedend«, wie es eigentlich im Grundtext heißt! Und was ist das dazwischenliegende »lau«? fragt Albrecht Bengel in seinen 60 erbaulichen Reden über die Offenbarung Johannes aus dem Jahre 1748. Deutlich empfindet er hier eine Schwierigkeit im Verständnis der Worte. Bengel will das Bild »aus der Natur verstehen«. Das an sich kalte Wasser wird erst durchs Feuer siedend heiß, um dann zur Lauigkeit abzukühlen. »Von Natur«, so folgert er, »ist das Herz kalt, es hat nichts vom himmlischen Feuer...« Hingegen »heiß« ist eine solche Seele, die durch das himmlische Feuer wallend gemacht ist, wie es in Römer 12, 11 heißt: Im Geist seid »brünstig« oder eigentlich »siedend ... wir sollen durch die Hitze des Heiligen Geistes durchdrungen sein«.[6]
Manche Ausleger erklären dies Bild durch den Hinweis auf die Quellen in dem nordöstlich von Laodicea gelegenen Hierapolis. »Das Wasser fließt über eine Felsenterrasse gerade gegenüber von Laodicea ab und setzt dabei weißschimmernden oder in anderen Farben leuchtenden Kalk ab; auf diesem Wege verliert es die Wärme, und das Wasser wird lauwarm.«[7] »Der Gegensatz von heiß und kalt prägt in aller Schärfe die grundsätzliche Scheidung von gläubig und ungläubig, von Gemeinde und Welt.«[8] Doch es muß bezweifelt werden,

---

[6] Bengel: Gemeinde zwischen Warnung und Verheißung. Auszug aus: Sechzig erbauliche Reden, Kawohl Verlag, Wuppertal 1974, S. 104 f.
[7] H. Lilje: Das letzte Buch der Bibel, Hamburg 1961, S. 114 f.; ebenso E. Lohmeyer: Kommentar S. 38. Die Ausleger berufen sich dabei auf eine Schilderung des griechischen Geographen Strabo (ca. 64/63 bis 20 v. Chr.).
[8] Lohmeyer, ebd.

ob hier wirklich auf die Quellen von Hierapolis angespielt wird, die Hierapolis zu einem berühmten antiken Heilbad gemacht hatten. Immerhin waren diese Quellen und Bäder dem Asklepios, dem Gott der Heilkraft, und der Hygieia, der Göttin der Heilkunst, geweiht. Diese Tatsache läßt diese vermeintliche Anspielung fraglich erscheinen, da sich die Johannesoffenbarung durchgehend von allem Heidnischen abgrenzt. Mit dem Bild von den Quellen von Hierapolis hat man zwar das Abflauen heißen Wassers zum lauwarmen anschaulich gemacht, aber das kalte Wasser als Bild ausgeklammert. Es geht deshalb auch nicht an, in dem Gegensatz von heiß und kalt die Scheidung von gläubig und ungläubig dargestellt zu sehen. Der Vergleichspunkt ist nicht der von heiß oder kalt auf der einen Seite und lauwarm auf der anderen Seite. »Ein mißverstandenes Bild.« »Die Kälte des Unglaubens ist schwerlich in Christi Augen besser als die Lauheit des Glaubens.«[9] Ein Trunk kalten Wassers erquickt und belebt. Heißes Wasser kann heilende Kräfte spenden. Von der Gemeinde in Laodicea geht – ob kalt oder heiß – nichts Belebendes mehr aus. Sie gleicht nur noch einer widerlich schmeckenden, abgestandenen lauwarmen Brühe, die man ausspeit.

Es ist der Reichtum, der die Gemeinde zu einem solch widerlich lauen Christentum verleitet hat. Man weiß sich sicher: »Du sprichst: Ich bin reich und habe genug und brauche nichts.« (V 17) Es ist vor allem das in der ganzen antiken Welt bekannte Bankwesen, das Laodicea zur reichsten Stadt ganz Phrygiens machte.[10] Dieser Reichtum scheint auch die Gemeinde erfaßt und selbstsicher gemacht zu haben. Der Geist des sagenhaften phrygischen Königs Midas hat die Gemeinde gefangengenommen und verblendet. Der Gott Dionysos soll diesem auf seine Bitten hin die Macht verliehen haben, alles was er berührt, in Gold zu verwandeln. So wird ihm das Gold zum Verhängnis. Selbst das Brot, das seine Lippen berühren, wird

---

[9] So Joh. Behm: Die Offenbarung des Johannes. NTD Bd. 3/II, Göttingen 1932, S. 27.
[10] Cicero, der berühmte römische Staatsmann, Rhetor und Philosoph (106–43 v. Chr.) empfiehlt, sein Geld gewinnbringend auf den Banken von Laodicea anzulegen.

zu Gold, und Midas muß inmitten seines unermeßlichen Reichtums verhungern. Reichtum vermag zwar alle Bequemlichkeiten dieses Lebens zu sichern. Aber nur Torheit sucht im Gold, im irdischen Reichtum, Sinnerfüllung. Gold, Geld, Reichtum, irdische Macht, Ruhm und Ehrgeiz läßt letzten Endes den Menschen, der sich darauf verläßt, seelisch verhungern.
Nach einer anderen Sage läßt Apollon dem Midas Eselsohren wachsen. Wer glaubt, im Gold, im Reichtum, Sinnerfüllung zu finden, begeht eine »Eselei«, weil der Sinn des Lebens nie im Hiesigen, nie im Vorhandenen, gefunden werden kann. Das wußte auch schon das Heidentum. Die Sage vom goldgierigen Midas will das deutlich machen. Dennoch ist die Macht des Goldes so groß, daß Menschen immer wieder in den Bannkreis des »Mammons« geraten. Auf andere und eindringliche Weise warnt Jesus vor dieser Torheit und Blindheit in seinem Gleichnis von dem reichen Kornbauern (Luk 12, 15–21), der vergessen hatte, daß niemand davon lebt, daß er viele irdische Güter hat (Luk 15). »Du Narr!« so muß er hören, »diese Nacht wird man deine Seele von dir fordern, und wes wird sein, das du bereitet hast?« (Luk 15, 20) Im Tod wird die ganze Leere und Hohlheit eines solchen Lebens deutlich, eines Lebens, das nur auf Geld, Gut, Handel, Haus, Hof, Verdienst, Ansehen, Macht und Ehre aufgebaut ist. Im Tode zerflattert das alles in nichts. »Also geht es«, so schließt Jesus sein Gleichnis, »wer sich Schätze sammelt und ist nicht reich in Gott!« (Luk 12, 21) Zugleich wird hier der fundamentale Unterschied der Predigt Jesu zur Sage vom König Midas deutlich. Christus weist uns hin auf den wahren Reichtum, auf Gottesfurcht und Gottvertrauen. Die Götter betrügen den armseligreichen König Midas und treiben mit ihm ihren Spott. Doch der »Gott Amen«, der in Christus leibhaftig unter uns wohnt, schenkt einen Reichtum, der nicht unter den Händen zerrinnt, sondern selbst im Tode noch bleibt.
Offensichtlich war die Gemeinde in Laodicea eben dieser gefährlichen »Midas-Versuchung« verfallen und wähnte sich in ihrem irdischen Reichtum sicher. Sie verwechselt das Reich Gottes mit Ruhe, Wohlfahrt und Sicherheit. Sie hat vergessen, daß Gottes Reich Vergebung der Sünden ist und Freiheit des Gewissens von der Anklage des Gesetzes und Freude in der

Gewißheit, daß des Teufels und des Todes Macht am Kreuz Christi zerbrochen sind. In ihrer Verblendung weiß die Gemeinde nicht, wie »elend und jämmerlich, arm, blind und bloß« (V 17) sie ist. Die, die sich dünken, reich zu sein, sind's vielleicht in den Augen der Welt. *Vor Gott* aber enthüllt sich's als Blindheit und tödliche Torheit, als »Eselei«! Das Sendschreiben nach Laodicea will der Gemeinde dafür die Augen öffnen. Gottes Treue gibt trotz aller harter Kritik die Gemeinde noch nicht auf. Die Schärfe der Kritik und die Härte des Urteils: »Weil du aber lau bist ..., werde ich dich ausspeien aus meinem Munde« (V 16), sind immer noch ein letztes Ringen des treuen Gottes und seines Christus um eben diese Gemeinde, die seinen Namen trägt: »Welche ich lieb habe, die weise ich zurecht« (V 19). Das Skalpell des Chirurgen muß tief in die Eiterbeule hineinstechen, damit das Gift ausfließen und der Mensch wieder heil werden kann. So auch hier die christliche Gemeinde.

Doch das gilt nicht nur denen von Laodicea. Immer wieder steht die Kirche in der unheimlichen Versuchung, widerlich »lau« zu werden und in ihrer satten, trägen Lauheit zu verkommen. Wie in diesem Sendschreiben bricht deshalb im Verlauf der Kirchengeschichte immer wieder die Kritik an einer reichen und mächtig gewordenen Kirche auf. Ein Franz von Assissi und ein Petrus Waldus, die Bettelmönche und die »Brüder vom gemeinsamen Leben«, die Reformation und der Altpietismus sind Bewegungen, die aus dem tiefen Unbehagen an einer »reichen« Kirche entsprungen sind. Man spürt die innere Leere, die selbst in prachtvollen Kirchen und unter einer glanzvollen Kanzelrhetorik frieren läßt. So auch die Kirchen in unserer Zeit. Sie verfügten in den letzten vier Jahrzehnten über reiche Mittel. Überall entstanden neue, oft in Beton und in wunderliche Formen gegossene Kirchen (modern wollte man sein um jeden Preis). Mehr Kirchen wurden gebaut als in 400 Jahren zuvor. Merkwürdigerweise aber leeren sich unsere Kirchen immer mehr – und die Geldmittel schwinden dahin. Ähnliches gilt für die neuen Gemeindezentren mit Büros und Gemeinderäumen, mit Kindergärten und Sozialstationen. Gewiß geht auch Segen von diesen Zentren aus, und doch sinkt der Grundwasserspiegel des Glaubens in unserem Volk und

Land immer tiefer ab. Das »Engagement« der Kirchen in der Welt und für die Welt ist groß. »Brot für die Welt« ist eines der Beispiele, auf die immer stolz verwiesen wird. Doch ist es wirklich die Liebe Christi, die uns drängt, wie einst jene Missionare, die getragen von den Gebeten der Gläubigen und ernährt von ihren kleinen Spenden, den Weg hinaus ins Unbekannte wagten und »reiche« *geistliche* Erntegaben in Gottes Scheunen einbrachten?

Was hülfe »Brot für die Welt« – ein gewiß notwendiges Unterfangen, um den leiblichen Hunger in der Welt zu lindern – wenn die Parole »Brot für die Welt« nicht begleitet, nicht durchdrungen, nicht in Liebe durchglüht ist vom »Wort für die Welt«? Seelisch Hungernde und Frierende sollen frei werden von allen dämonischen Ideologien, frei werden von tiefverwurzelten Ängsten, frei zu der weltüberwindenden Hoffnung Christi, die Sinn stiftet und Orientierungen verleiht. Das vor allem tut not!

Die Mahnung an die Gemeinde in Laodicea, unter all ihrem Reichtum doch ihre ganze kümmerliche geistliche Armut, ihre Blöße und ihre Blindheit zu entdecken, sie ist in einer bestürzenden Weise aktuell. Der äußere Reichtum und die geistliche Sicherheit der Kirchen, die überall ein »Wort zur Lage« mitreden wollen, verschleiert nur die geistliche Lauheit und Blindheit. Diese Not ist nicht erst von heute. Schon Heinrich Jung-Stilling (verst. 1817) schrieb in seiner »Siegesgeschichte der christlichen Religion«, einer Auslegung der Offenbarung des Johannes: »Man prüfe jetzt einmal den herrschenden Geist der beiden protestantischen Kirchen (d. h. der lutherischen und der reformierten), ob er Christus für den Armen, für den glaubwürdigen und wahrhaftigen Zeugen, für den Anfang der Kreatur Gottes halte?, und man wird leider! leider! finden, daß er für einen bloßen Menschen gehalten wird, den aber die Vorsehung zubereitet habe, um seine Moral zu lehren; daß er den Armen der Erfüller aller alten Weissagungen sei, leugnet man.«[11] Anstelle der außer Mode gekommenen Worte setze man »Solidarität«, Liebe, Mitmenschlichkeit, Befreiung von Unterdrückung und Ausbeutung, »Bewahrung der Schöp-

---

[11] Siegesgeschichte zu Offbg 3, 14–16, S. 90.

fung«, Schaffung einer gerechten Gesellschaft, »Frieden schaffen ohne Waffen« und wie die moralisierenden Schlagworte sonst noch heißen mögen. Man wird inne werden, wie aktuell nicht nur Jung-Stillings Analyse ist, sondern wie allgegenwärtig die Versuchung zur Sicherheit ist, die in Lauheit und im Verlust aller geistlichen Vollmacht endet. »Nein!« so schließt Jung-Stilling diesen Abschnitt seiner Betrachtungen ab. »Nein, wir wollen nicht bloß geglaubt, wir wollen gethan und gewirkt haben; darum predige man nur von den Pflichten und halte die Leute an, daß sie sie erfüllen, so braucht's keiner weiteren Glaubenslehre mehr.«[12]

Die Lauheit der Christenheit besteht also in ihrer Angepaßtheit an die jeweiligen Parolen der Zeit. Man will zwar »modern« sein, dem Menschen von heute entgegenkommen und wird im Prozeß der Anpassung immer lauer, immer kraftloser, weil man im Grund auf Kanzeln, in Synodalerklärungen oder in Denkschriften nur das wiederkäut, was die Politiker und Philosophen dieser Welt oder die Journalisten auch sagen und oft schon vor uns gesagt haben. Hanns Lilje nennt das in seiner Einführung in die Offenbarung Johannes eine »erbärmliche Mediokrität«, »geistliche Mittelmäßigkeit«.[13] Daß diese laue Angepaßtheit auch den Einzelnen prägt, liegt auf der Hand. »So folgte auf die Blütezeit der Kirche allenthalben eine solche Lauheit«, stellt der Hermannsburger Pastor Ludwig Harms (1808–1865) in seinen Betrachtungen zur Johannesoffenbarung fest. »Es war bei den Leuten keine Buße, kein Glaube, keine Freude und keine Traurigkeit zu finden. So einen Menschen kannst du rechts und links drehen, du kannst mit ihm machen, was dir beliebt, du kannst ihn wie weiches Wachs in jede beliebige Form drücken.«[14] Ungewollt und unbedacht wird so die Lauheit in Glaubensfragen, diese gleichgültige Angepaßtheit in geistlichen Fragen, zum besten Nährboden künftiger Diktaturen.

Die Herrschaft der Nationalsozialisten und die damit verbun-

---

[12] Siegesgeschichte S. 91.
[13] In: Das letzte Buch der Bibel, S. 115.
[14] Ludwig Harms: Die Offenbarung St. Johannes, 8. Auflage, Hermannsburg 1910, S. 72.

dene Gewissenlosigkeit und Orientierungslosigkeit weiter Teile unseres Volkes war nur in dieser wachsweichen und beliebig formbaren Mittelmäßigkeit möglich. Nicht daß die Kirche 1933 und danach geschwiegen hat, war der Fehler, sondern daß die Entchristlichung schon lange vorher weit gediehen war und nur wenige dies erkannten. Darin liegt das Verhängnis beschlossen. Dasselbe galt in abgewandelter Form auch für die Diktatur der sog. »Sozialistischen Einheitspartei« in Mittel- und Ostdeutschland und in einer Kirche, deren Wortführer in West und Ost im Reich Gottes und in der klassenlosen Gesellschaft ein gemeinsames humanitäres Ziel zu sehen glaubten. Sie sind so verblendet, daß sie oft heute noch nicht diesen Weg als Irrweg erkennen, sondern den sozialistischen Traum auf andere Weise weiterträumen. »Und weißt nicht, daß du elend und jämmerlich bist, arm, blind und bloß« (V 17). Das Salz, das Salz der Erde sein sollte, ist fade und kraftlos geworden (Matth 5, 13). Auch hier fängt das Gericht zuerst am Hause Gottes an, und die Glaubens- und Orientierungslosigkeit nimmt in erschreckendem Maße zu.
Hier hilft nur eine umfassende und radikale Rückbesinnung auf die Ursprünge christlichen Glaubens. »Ich rate dir, daß du Gold von mir kaufst, das im Feuer durchläutert ist, damit du reich werdest, und weiße Kleider, daß du sie anziehst und die Schande deiner Blöße nicht offenbar werde, und Augensalbe, deine Augen zu salben, damit du sehen mögest.« (V 18) Mit feiner Ironie geißelt das Sendschreiben noch einmal den Kauf- und Händlergeist der Gemeinde in Laodicea. Wohlan, wenn es schon ums Kaufen und Verkaufen, um Banken und Handel geht, wie wäre es denn, wenn Du mit deinem Geld bei mir, Deinem Gott, einkaufst, bei eben dem Gott, den Du verachtest? Wer aber bei Gott »einkaufen« will, darf nicht satt und selbstzufrieden kommen. Satte, Selbstzufriedene, Selbstgerechte und auf eigenen Ruhm Bedachte wird er von sich weisen, ausspeien aus seinem Munde. Wer bei ihm einkaufen will, muß mit leeren Händen kommen, ein Bettler vor ihm, einer dem alle Selbstgerechtigkeit und alle Selbstsicherheit zerbrochen ist, weil er sehen »würde« und seine ganze Verlorenheit, seine ganze Seinsverfehlung als Schuld erkennte. »Wohlan«, so werden wir deshalb im 55. Kapitel des Jesaiabuches einge-

laden, »wohlan, die ihr durstig seid, kommt her zum Wasser! Und die ihr nicht Geld habt, kommt her, kaufet und esset; kommt her und kauft *ohne* Geld und umsonst beides Wein und Milch« (Jes 55, 1).
Auf den Banken von Laodicea, auf den Banken dieser Welt wird Geld mit Geld verrechnet und mit Zins und Zinseszins. Doch bei Gott kann man kaufen ohne Geld. Bei ihm gibt es beides umsonst »Milch und Wein«, den Trank des Paradieses, das ewige Leben. Mit den Reichen im Geiste, mit den Satten und Lauen, rechnet Gott – wie jeder Bankier – auf Heller und Pfennig ab. Dem Armen im Geist, dem Sünder, dem Verzweifelten, dem Bettler, dem verlorenen Sohn, aber schenkt er alles: Vergebung und ewiges Leben! »Ich will mit euch einen ewigen Bund machen«, heißt es im 55. Jesaia-Kapitel weiter. Der verheißene Bund ist geschlossen – dort wo Jesus Christus am Kreuz verblutet. Dort hat Gott Deine Seele ausgelöst aus der Sklaverei der Sünde und des Todes. Dort ist das ewige Lösegeld bezahlt. Dort kannst Du kaufen *umsonst!* In Wort und Sakrament, im hörbaren Wort unvollkommener Predigt. In und mit Wasser, Brot und Wein teilt Gott seine ewigen Gaben aus. Hier ist Christus wahrhaft für Dich da und schenkt Dir sein Leben. Bist Du aber satt und reich, traust Du immer noch Deinen Kräften, Deiner vermeintlichen Gerechtigkeit, so wirst Du leer ausgehen, und Dein Hunger nach Frieden und Geborgenheit wird ungestillt bleiben.
Denselben Sachverhalt symbolisiert auch das Bild von den »weißen Kleidern«, die unsere Blößen bedecken müssen. Das mag – wie viele Exegeten meinen – eine Anspielung auf die blühende Wollwarenindustrie von Laodicea sein. Doch naheliegender ist wohl das hochzeitliche Kleid aus dem gleichnamigen Gleichnis Jesu in der Fassung des Matthäus (Matth 22, 11). Das hochzeitliche Fest oder Gastmahl wird in der ntl. Überlieferung zum Symbol des Reiches Gottes und zum Symbol der ewigen Freude und des ewigen Lebens. Doch wehe dem, der sich nicht mit jenem hochzeitlichen Kleid beschenken läßt. Er wird hinausgewiesen, hat keinen Raum im Festsaal der Ewigkeit. »Unsere Gerechtigkeit« vor Gott »ist wie ein unflätig Kleid« (Jes 64, 5). Unsere Gerechtigkeit gleicht einem löcherigen Gewand, das unsere Blöße, unsere Sünde und Verlorenheit,

nicht bedecken kann. Wohl dem aber, der bekennen kann: »Ich freue mich im Herrn, und meine Seele ist fröhlich in meinem Gott; denn er hat mich angezogen mit Kleidern des Heils und mit dem Rock der Gerechtigkeit gekleidet, wie ein *Bräutigam*, mit *priesterlichem* Schmuck geziert, und wie eine *Braut*, die in ihrem Geschmeide prangt« (Jes 61, 10). Dieses Kleid des Heils wird uns in der Vergebung der Sünden zugesprochen und im *Glauben* empfangen: »Denn ihr seid alle Gottes Kinder durch den Glauben an Christus Jesus« (Gal 3, 26). Der »Rock der Gerechtigkeit« ist *Christus selbst*, dem wir in der Taufe »eingeleibt« werden; »denn wieviel euer auf Christus getauft sind, die haben Christus *angezogen*« (Gal 3, 27)!

Doch wie soll ich Christus annehmen, nach seinem Heil hungern und dürsten und Verlangen haben nach dem »Rock der Gerechtigkeit«, wenn ich nicht zuvor meine Blöße, das unendliche Gewicht meiner Schuld und die Ketten meiner Sünde, erkenne? Deshalb bedarf es geistlich sehender Augen, das Erschrecken über meine Blöße und über die Tiefe meiner Verlorenheit. Dieses Erkennen öffnet mir auch die Augen für Christus, der sich in unsere unendliche Verlorenheit verloren und sie überwunden hat. Deshalb ergeht an die von Laodicea – und wer ist nicht auch ein Laodicenser? – der Ratschlag: »Kaufe Augensalbe, deine Augen zu salben, damit Du sehen mögest « (V 18).

In Laodicea gab es im Altertum eine im ganzen griechisch-römischen Kulturkreis berühmte Ärzteschule, zu deren Produkten eine bekannte Augensalbe gehörte, die insbesondere von dem aus Pergamon stammenden Arzt Galenos (129–199), wohl dem berühmtesten Arzt der Antike, empfohlen wurde. Doch was sind alle Ärzte dieser Welt und alle ihre Heilkünste im Vergleich zu dem Einen, der uns als Heiland der Welt begegnet. Seine Augensalbe ist das Wort, das er zu uns spricht. Dieses Sein Wort ist durchleuchtet von der Kraft des Heiligen Geistes. Wie jener Blindgewordene, dem er am Sabbat das Augenlicht wiedergab (Joh 9), so sind wir alle von Natur aus Blindgeborene, von Geburt an gefangen in dem Verhängnis von Sünde und Tod, geblendet vom Wahn unserer vermeintlichen »Göttlichkeit«, denn der wahre Gott der Welt sei – so meint man – eben der vernunftbegabte

Mensch[15]. Aber damit »die Werke Gottes« an diesem Blindgeborenen »offenbar« würden, wirkt Jesus an diesem das Wunder der Heilung (Joh 9, 3). So muß und will auch er unsere Verblendung aufheben. Er kann uns den Blick öffnen für die Tiefe unserer Verlorenheit und für die alle Tiefe bei weitem übertreffende Größe des Erbarmens Gottes.

So unerbittlich scharf und schneidend das Urteil über die Gemeinde in Laodicea ausfällt: »Ich werde dich ausspeien aus meinem Munde!« (V 16), so wenig ist das das letzte Wort des Herrn. Er züchtigt die Gemeinde, weil er sie liebt. Deshalb bleibt immer noch Raum zur Buße. Noch ist die Tür nicht endgültig zugeschlagen wie bei jenen fünf törichten Jungfrauen in Jesu Gleichnis (Matth 25, 1–13), die die Worte hören müssen: »Wahrlich, ich sage euch: Ich kenne euch nicht« (Matth 25, 12). Noch heißt es – gleichsam in allerletzter Stunde: »So sei nun eifrig und tue Buße!« (Offb 3, 19) Noch bleibt einer vom laodicensischen Geist der Lauheit gelähmten Gemeinde diese eine Möglichkeit; die Möglichkeit der Rückbesinnung auf das, was ihr in der Heiligen Schrift und im Bekenntnis der Kirche anvertraut wurde. Die Zeit drängt; denn er kommt. Seit Seiner Auferstehung und Himmelfahrt ist ihm alle Macht im Himmel und auf Erden gegeben. Die Weltgeschichte stürzt seitdem unaufhaltsam und unausweichlich auf SEIN Gericht zu. Seitdem »ist die letzte Stunde«! (1. Joh 2, 18), mag die irdische Zeit auch noch weiter abspulen – wer weiß, wie lange noch! Das hebt die Nähe Christi nicht auf. Das macht sein Kommen nicht fragwürdig. Seit seiner Auferstehung und seiner Erhöhung gilt das: »Siehe ich stehe vor der Tür und klopfe an. Wenn jemand meine Stimme hören wird und die Tür auftun, zu dem werde ich hineingehen und das Abendmahl mit ihm halten und er mit mir« (V 20). In den Gleichnissen Jesu vom großen Abendmahl, von der königlichen Hochzeit oder von den klugen und törichten Jungfrauen wird der Mensch zu Gast geladen, und er soll der Einladung folgen. Hier nun will der HERR selber unser Gast sein: Gast der Gemeinde und Gast jedes einzelnen. Er sucht *bei uns* offene Türen des Glaubens. Er will bei uns eingehen, damit er bei

---

[15] Vgl. die Philosophien von Feuerbach und Marx.

uns ist und wir bei ihm. Die Zeit wird aufgehoben. Indem er bei uns und wir bei ihm sind, bricht Ewigkeit an. Das Heilige Abendmahl, das er uns gestiftet und hinterlassen hat, das ist der Ort und der Augenblick, da die Zeit aufgehoben wird und ewiges Leben anbricht. Er bei uns und wir bei ihm! Die wirkliche und leibhaftige Gegenwart Christi in Brot und Wein ist im Heiligen Abendmahl unabdingbar. Ohne diese Realpräsenz, ohne diese wirkliche und leibhaftige Gegenwart, geschieht nichts, und wenn es dabei noch so erhebend und feierlich zuginge. Trotz aller Feierlichkeit blieben wir bei uns, und er stünde nicht vor der Tür. Davor aber bewahre uns der, der uns hier ruft, und der bei uns anklopft.
Der Überwinder – im Glauben, in der Liebe, im Bekenntnis und – wenn es sein muß – auch im Martyrium – wird mit Christus auf seinem Thron sitzen. Wir dürfen an seiner Herrschaft über Hölle, Tod und Teufel teilhaben. Wir dürfen mit ihm über diese Mächte triumphieren. Das ist unsere Vollendung.
Und wieder steht am Ende das nachdenkliche und mahnende:

**»Wer Ohren hat, der höre,
was der Geist den Gemeinden sagt!«**
(Offb 3, 22)

Literatur

Johannes Behm:	Die Offenbarung des Johannes, Neues Testament Deutsch (NTD) 3/II, Göttingen 1932
J. A. Bengel:	Gemeinde zwischen Warnung und Verheißung, Auszug aus: »Sechzig erbauliche Reden über die Offenbarung Johannes oder vielmehr Jesu Christi, 1748«, Kawohl-Verlag, Wuppertal 1974
J. A. Bengel:	Gnomon, Deutsch von C. F. Werner, Bd. II, 8. Auflage, Steinkopf-Verlag, Stuttgart 1970
Wilhelm Bousset:	Die Offenbarung des Johannes, Meyers Kommentar Werke, Göttingen 1906
Otto Böcher:	Die Johannesapokalypse, Wissenschaftliche Buchgesellschaft, Darmstadt 1980
Martin H. Franzmann:	The Revelation to John Concordia Publishing House, St. Louis, USA, 1976
Eusebius von Caesarea:	Kirchengeschichte, herausgegeben und eingeleitet von Heinrich Kraft, Wissenschaftliche Buchgesellschaft, Darmstadt 1967 bzw. Kösel Verlag, München 1972
Georg Kretschmar:	Die Offenbarung des Johannes, Die Geschichte ihrer Auslegung im 1. Jahrtausend, Calwer Verlag, Stuttgart 1985
Hanns Lilje:	Das letzte Buch der Bibel, 7. Auflage, Furche Verlag, Hamburg 1961
Ernst Lohmeyer:	Die Offenbarung des Johannes, Handbuch zum NT, 2. Auflage, Mohr (Siebeck), Tübingen 1953
Eduard Lohse:	Die Offenbarung des Johannes, NTD Bd. II, Göttingen 1983
Martin Luther:	Die beiden Vorreden zur Offenarung d. Johannes von 1522 und 1545 a) Erlanger Ausgabe der deutschen Schriften (= EA) Bd. 63, 1854 b) Sämtliche Schriften, herausgegeben von J. O. Walch (= W 2), Verlag der Lutherischen Buchhandlung Hch. Harms, Groß Oesingen 1987

Melito von Sardes:	Vom Passa, erschienen in der Reihe Sophia, Quellen östlicher Theologie, Bd. 3, Lambertus Verlag, Freiburg/Breisgau 1963
Erwin Reisner:	Das Buch mit den sieben Siegeln, Göttingen 1949
Adolf Schlatter:	Die Offenbarung des Johannes, Erläuterungen zum Neuen Testament, Calwer Verlagsbuchhandlung, Stuttgart 1921
Schriften des Urchristentums:	1. Teil: Die apostolischen Väter (Klemensbrief, Ignatius Briefe, Polykarp Briefe) und Quadratus Fragment 2. Teil: Apostellehre (Didache), 2. Klemensbrief, An Diognet, Wissenschaftliche Buchgesellschaft, Darmstadt 1976 und 1984

Personenregister

Abraham 10
53, 54, 55, 57, 111, 133
Ahab 85, 86
Alexander der Große 61, 140
Anicet 42
Antiochus II. 140
Antipas 61, 73
Assissi, Franz von 148
Athanasius 10
Attalos II. 120
Attalos III. 61

Balak 61, 73
Balla 87
Baruch 10
Bengel, Johann Albrecht 7, 23
29, 31, 35, 40, 45, 57, 58, 77, 114, 145
Bodelschwingh, Friedr. von 135

Caesar 20, 66, 104
Cicero 146
Cusanus, Nikolaus 12

Daniel 10, 80, 81
David 53, 54, 105, 127
Demetrius 14
16, 120, 122, 123, 134
Dionysius von Alexandrien 11

Elia 11, 85, 86, 87, 88
Eljakim 127, 129
Epaphras 138
Esra 10
Ethbaal 85
Eumenes II. 61
Eusebius von Caesarea 36, 120

Feuerbach, Anselm 38, 121, 154
Freud, Siegmund 38

Galenos 63, 153
Gerhardt, Paul 27, 102
Goethe, Johann Wolfgang von
7, 29, 30, 86
Gyges 99, 108

Hamann, Johann Georg 144
Harms, Ludwig 150
Hegel, Georg Wilh. Friedr. 114
Hengstenberg, Ernst Wilhelm 7
Henoch 10
Heraklit 16, 17
Hermas 10
Hesekiel 108
Hesiod 81
Hilkias 127
Hiob 97
Hitler, Adolf 26, 50, 103
Hölderlin, Joh. Chr. Friedr. 24, 64
Homer 46
Honecker, Erich 51
Hosea 32

Ignatius von Antiochien 132
133, 134
Irenäus von Lyon 35
36, 41, 42, 90
Isaak 54, 57, 105, 111
Isebel 78
84, 85, 86, 87, 88, 90, 91, 92, 93, 94

Jakob 44, 54, 57, 97, 111
Jeremia 32

159

Jesaia 97, 105, 106, 124, 125, 127
Jochanan 133
Josua 76
Jung-Stilling, Johann Heinrich 7
149, 150

Kain 107
Kerinth 35
Kierkegaard, Sören 64
Klemens von Alexandrien 36
Krösus 99, 100, 102, 108
Kyros 100

Lavater, Johann Kaspar 7
Lenin, Wladimir Iljitsch 26, 50
Lilje, Hanns 77, 150
Lohmeyer, Ernst 90
Lukas 125
Luther, Martin 7, 9, 10, 11, 12
24, 25, 34, 58, 71, 75, 83, 87, 102
114, 115, 120, 121, 123, 125, 139

Mao Tse-tung 26, 50
Maria 34
Maria Magdalena 89
Mark Aurel 42, 50, 109
Markus 127
Marx, Karl 38, 114, 154
Matthäus 127
Melito von Sardes 109
Midas 146
Mohammed 104
Mose 22, 106

Nathanael 132
Nebel, Gerhard 63
Nebukadnezar 80
Nero 50
Nikolaus 35, 36

Otto, Rudolf 124

Paul, Jean 8
Paulus 9, 15, 16, 25, 28, 29, 36
48, 51, 52, 54, 70, 79, 83, 122, 131
Petrus 9, 10, 36
77, 104, 110, 125, 126, 128, 129
Philippus 36
Pilatus, Pontius 67
Plinius der Jüngere 79
Pol Pot 50
Polykarp von Smyrna 41
42, 43, 44, 45, 50, 51, 132
Pythagoras 20

Rad, G. von 37
Reisner, Erwin 32, 35

Sacharja 22, 76
Salomo 10
Schlatter, Adolf 31
Schleiermacher, Friedrich 85
Schwarz, Hans 33
Sebna 127
Stalin 26, 50
Stephanus 35, 36
Stifel, Michael 7, 114
Strabo 145

Tertullian 56
Timotheus 34

Ulbricht, Walter 51

Waldus, Petrus 148

Zachäus 128

Ortsregister

Afrika	50
Ägypten	32, 113
Alexandrien	10, 11, 36
Anatolien	99
Antiochien	35, 132, 133
Asien	17, 61
Athen	15, 62
Bankok	18
Babylon	20, 80, 97
Berlin	18, 62
Bithynien	79
Caesarea	120
China	50
Damaskus	54
Delphi	79, 100
Deutschland	80
Ephesus	11, 14-40
	42, 43, 79, 100, 120, 137, 139
Gog	7
Golgatha	54, 55, 127
Griechenland	100
Hermannsburg	150
Herostrat	17
Hierapolis	138, 145, 146
Israel	32, 44, 52, 53, 54, 55
	56, 58, 73, 74, 85, 86, 92, 125
Izmir	41
Jerusalem	53
	80, 119, 124, 127, 133, 136
Kambodscha	50
Karmel	86
Kleinasien	79, 119, 138
Königsberg	144
Kolossae	138, 139, 144
Korinth	15, 131, 139
Laodicea	137-155
London	18
Lübben	27
Lydien	99, 111
Lyon	35, 41, 42, 90
Magog	7
Mazedonien	131
Nag Hammadi	88, 89, 93
Nazareth	84, 125, 126, 142, 143
New York	18
Oberägypten	88
Olympia	79, 134
Paris	18
Patmos	19, 22, 23, 65
Pergamon	34, 61-86, 79, 120, 153
Persien	100
Philadelphia	119-136, 137
Philippi	122, 123
Phrygien	79, 139, 146
Preußen	144

161

Ortsregister

Qumran	88	Spreewald	27
		Stuttgart	33
		Syrien	79
Rom	42, 52, 132, 139, 140		
		Thubal	107
Samaria	85	Thyatira	78-98
Sardes	99-118	Tokio	18
Sarepta	86	Troas	131
Satrapie	100		
Sidon	85		
Sinai	32, 54, 55, 70, 87	Zarpath	86
Smyrna	41-60, 120, 132		

Bibelstellenregister

1. Buch Mose (1. Mose)
1	44
2	39
2, 7	37
2, 9	39, 40
2, 24	37
3	64
3, 8 ff.	93
3, 15	53
3, 19	107
4, 17	107
4, 21	107
28, 14	53

2. Buch Mose (2. Mose)
16, 4	76
16, 31	76
17	106
20, 18	69
25, 31-40	21
32	92

4. Buch Mose (4. Mose)
22-25	73
24, 17	97
25, 1	74

5. Buch Mose (5. Mose)
4, 2	131
21, 23	54

2. Buch Samuel (Sa)
7, 12-14	53

1. Buch der Könige (1. Kö)
16, 29-33	85
18, 13	86
18, 19	85
19	86
19, 9-12	87
19, 14	86
19, 18	86

2. Buch der Könige (2. Kö)
9, 30-37	92

Buch Hiob
38, 4-7	97

Psalter (Ps)
1, 3	39
7, 10	93
13, 6	106
23	96
33, 4	126
33, 9	19
69, 29	117
104, 29	37
139, 13-16	93
139, 16	117

Sprüche Salomos (Spr)
3, 18	39

Prophet Jesaja (Jes)
1, 18	116
6	52, 124
6, 7	125
7, 14	53
9, 5 ff.	53
11, 1 ff.	96
11, 1	68
11, 2	105
11, 4	68, 96
14, 12	97
22, 20-22	127
44, 6	44
48, 12	44

Bibelstellenregister

49, 8	8
53	53
53, 1	144
53, 5	54
55	151, 152
55, 1	152
55, 11	69
61, 1 ff.	105
61, 10	116, 153
64, 5	152
65	141
65, 5	116
65, 13	141
65, 16 f.	141
65, 16 c	142

Prophet Jeremia (Jer)

2, 2	32
2, 5	32
32, 31 ff.	53
33, 15 ff.	53

Prophet Hesekiel (Hes)

7, 9	39
7, 12	39
27, 24	53
34, 23	53
37, 1-16	108
47, 1-2	39

Prophet Daniel (Dan)

2, 21	81
2, 21 f.	81
2, 22	84
2, 43	80
2, 44	81
7	81
7, 10	117
7, 20-22	58
8	81
10, 6	81

Prophet Hosea (Hos)

1, 9	55
2, 16	32
2, 17	32
2, 18	32

Prophet Sacharja (Sach)

4, 1-7	22
4, 6	22
9, 9	53
12, 10	53

Evangelium nach Matthäus (Matth)

4, 4	68
5, 13	151
5, 14	33
5, 15	33
5, 17-48	70
7, 29	126
10, 32	118
11, 15	39
11, 30	95
13, 1-13	145
13, 9	39
13, 12 b	33
13, 24-30	115
13, 38-43	115
13, 43	39
13, 47-50	115
16, 18	33
16, 18 ff.	77
16, 19	129
18, 15 ff.	129
18, 18	129
18, 20	129
21, 42	77
22, 1-14	117
22, 11	152
24, 6	9
24, 12	33
24, 42-44	114
25, 1-13	154
25, 12	8, 154
27, 51	127
28, 19-20	105

Bibelstellenregister

Evangelium nach Markus (Mk)
1, 27	84
2, 1 ff.	84
3, 7-12	84
3, 22-30	84
4, 9	39
4, 19	145
4, 23	39
5, 1-21	84
13, 7	9
13, 32	8
15, 38	127

Evangelium nach Lukas (Luk)
4, 19	8
4, 21	8, 128
4, 32	126
5, 5	126
5, 8	126
5, 10	126
8, 4-15	145
8, 8	39
12, 15-21	147
12, 21	147
12, 39-40	114
12, 40	114
14, 35	39
15	147
15, 20	147
21, 9	9
23, 39-43	71

Evangelium nach Johannes (Joh)
1, 1	68
1, 14	35, 143
1, 24	68
1, 47	132
3, 16	47
3, 18	97
6	76
6, 63	68
6, 68	68
8, 12	101
9	153
9, 3	154
18, 36-37	68
19, 30	104
20, 22	130

Apostelgeschichte des Lukas (Apg)
1, 7	8
5, 29	20, 104
6, 5	35
15, 28 ff.	94
17, 18	102
17, 28	124
19, 17	18
19, 18	16
19, 20	16
19, 34	16
28, 17-29	52

Brief an die Römer (Rö)
1, 16	52
3, 19 f.	70
3, 23	83
6, 1 ff.	122
8	75
9, 18	57
11	54
11, 23	55
12, 11	145
13, 4	65

1. Brief an die Korinther (1. Kor)
1, 10 f.	94
1, 26-28	47
2, 11	77
4, 3-5	83
4, 4	84
9, 5	36
10, 4	77
10, 11	8
10, 18	56
12	48
12, 4-6	48
12, 10	58
12, 26	139
13, 34	91

165

15	135
15, 25	51, 103
16, 9	131
19, 12	87

2. Brief an die Korinther (2. Kor)

1, 19 f.	142
2, 12	131
3, 17	105
5, 17	15
5, 19	128
6, 2	8
10, 4	96
12, 9	26, 131

Brief an die Galater (Gal)

2, 4	28
2, 9	133
2, 11 ff.	28
3, 13	54
3, 24	28
3, 25 - 26	28
3, 26	117, 153
3, 27	117, 153
4, 10	28
4, 28 ff.	56

Brief an die Epheser (Eph)

3, 15	91
5, 17	67
6, 10 -17	75
6, 12	26
6, 13 -18	26

Brief an die Philipper (Phil)

1, 1	122
2, 7	142
2, 8	40

Brief an die Kolosser (Kol)

1, 7	138
2, 1	138
2, 3	143
2, 9	143
4, 12 -13	138

1. Brief an die Thessalonicher (1. Thess)

5, 2	114

2. Brief an die Thessalonicher (2. Thess)

2, 3	8
2, 4	111
2, 7	111
2, 8	68
4, 17	59

1. Brief an Timotheus (1. Tim)

2, 12	91
3, 1 ff.	122
4, 1	8, 37
4, 2	37
6, 12	40

2. Brief an Timotheus (2. Tim)

4, 3	123
4, 7	40

1. Brief des Petrus (1. Petr)

2, 5	134
2, 9	47, 49
4, 7	8

2. Brief des Petrus (2. Petr)

1, 19	98

1. Brief des Johannes (1. Joh)

1, 7	116
2, 18	154
5, 20	23

Brief an die Hebräer (Hebr)

1, 3	68
3, 13	128
4, 7	128
4, 12	69
4, 13	84

Brief des Jakobus (Jak)

1, 17	101

Bibelstellenregister

Offenbarung des Johannes (Offb)		3, 3	110, 112
1, 4	20	3, 4	115, 116
1, 11	20	3, 5	117
1, 12	20	3, 7-13	119
1, 13	19	3, 7	23, 124, 127
1, 16	65, 67	3, 8	131
1, 17 f.	19	3, 9	132, 135
1, 18	27	3, 11	135
1, 20	20	3, 12	133, 134
2, 1-7	14-40	3, 14-22	137-155
2, 1	18, 20, 22	3, 14	141
2, 2	28	3, 15	145
2, 5	28	3, 16	139, 148, 154
2, 6	34	3, 17	146, 148, 151
2, 7	39	3, 18	151, 153
2, 8-11	41	3, 19	148, 154
2, 8	44	3, 20	140, 154
2, 9	46, 51, 55	3, 22	155
2, 10	40	6-8	20
2, 10 b	45	13	20
2, 11	60	15-16	20
2, 12-17	61-86	16, 2	7
2, 13	63	17, 9	20
2, 18	81, 82	19, 15	65, 67
2, 18-29	78	19, 21	67
2, 24	95	20, 8	7
2, 25	95	20, 10	27
2, 26	95	20, 11	107
3, 1-6	99-118	20, 14-15	60
3, 1	104, 106, 107	21, 1	27
3, 2	107, 108	21, 10 ff.	27

167

Kleinasien zur Zeit des Apostels Paulus

Vita des Autors

Geb. 1927 in Biskirchen an der Lahn
1947 bis 1952 Studium der Theologie in Marburg
Vikariat in Oberhausen und Wetzlar
Hilfsprediger in Hückelhoven
Ordination 1954
1956 bis 1992 Pfarrer in Mühlheim an der Mosel
1964 bis zum Eintritt in den Ruhestand dort Superintendent.
Lebt in Bischofsdhron im Hunsrück.

Vorsitzender des Lutherischen Konvents im Rheinland, lange Jahre Mitglied des ständigen Theologischen Ausschusses der Rheinischen Kirche und Mitglied der kirchlichen Prüfungskommission.

Im Vorwort zur Festschrift[1] zu seinem 65. Geburtstag heißt es: *„Ernst Volk wurde als Streiter, Mahner und Prediger des Evangeliums zu einer gewichtigen, aber auch unbequemen Stimme des deutschen Luthertums. Zahlreiche Aufsätze und Stellungnahmen weisen ihn als profunden Kenner der Theologie Martin Luthers und der lutherischen Väter aus."*

Die Bibliographie umfaßt mehr als 80 Aufsatztitel und mehrere Monographien.

---

[1] Verlorenes Wiederfinden. FS für Ernst Volk zum 65. Geburtstag. Hg. von Thomas Berke und Winfried Krause. Luther Edition Elversberg 1992.

Wolfhart Schlichting:

Die Erneuerung lutherischen Lebens durch Wilhelm Löhe

»...*unter dem Winterschnee hervorgeholt*«

150 Jahre »Gesellschaft für Innere (und Äußere) Mission im Sinne der lutherischen Kirche«

64 Seiten, kart., Format 18 x 11 cm
ISBN 3-7726-0202-9   ca. DM 7,80

Niemand braucht sich zu wundern, daß ihm der Gottesdienst »nichts sagt«, wenn er unvorbereitet hineingeht. Eine Anleitung zur inneren Vorbereitung und eine Einführung in die Liturgie hat Wilhelm Löhe verfaßt. Wolfhart Schlichting erinnert daran und findet 150 Jahre nach Gründung der »Gesellschaft«, daß Löhe sehr »zeitgemäß« ist.

Ernst Zuther:

Theologische Schlaglichter 1990 bis 1997

Probleme evangelischer Kirchen in unserer Zeit

184 Seiten, kart., Format 18 x 11 cm
ISBN 3-7726-0200-2   ca. DM 9,80

Das christliche Bekenntnis, aber auch die Einwände der schlichten Vernunft waren die Grundlagen für die Artikel zu Ereignissen in unseren evangelischen Kirchen.

Es entstand eine Sammlung zu Themen wie »interreligiöse Gebete«, die Ökumene, Juden und Christen, der Schwangerschaftsabbruch nach § 218, das Kirchenasyl und viele mehr.

FREIMUND-VERLAG NEUENDETTELSAU

Wolfhart Schlichting (Hg.):

Aufatmen und Freisein

Der evangelische Gottesdienst

24 Seiten
geheftet
Format 15 x 10 cm
ISBN 3-7726-0179-0
DM 2,50
Staffelpreise

Das Begleitheft zum Einlegen ins Gesangbuch erläutert den Ablauf des Gottesdienstes und hilft der Gemeinde, ihn bewußter mitzufeiern. Salvador Dalis Abendmahls-Gemälde wird nicht jedem Geschmack entsprechen. Aber warum soll man sich Anstoß und Anregung versagen, die ein Bild dieses großen Surrealisten dem Nachsinnen über das Heilige Abendmahl bietet?

Friedrich Bergdolt:

Kultur aus Holz und Stein

Kunstgegenstände aus Papua-Neuguinea

132 Seiten, gebunden
Format 20,5 x 20,5 cm
ISBN 3-7726-0123-5
DM 21,80

Seit 1886 brachten Missionare Kult- und Gebrauchsgegenstände von der Südseeinsel Papua-Neuguinea nach Neuendettelsau. Diese Bestände hat der Völkerkundler Friedrich Bergdolt gesichtet und erfaßt, woraus das reich bebilderte Buch »Kultur aus Holz und Stein« entstand.

FREIMUND-VERLAG NEUENDETTELSAU

CA – Confessio Augustana

Das lutherische Magazin für Religion, Gesellschaft und Kultur

hg. von der Gesellschaft für Innere und Äußere Mission im Sinne der lutherischen Kirche in Bayern e. V.

vier Ausgaben jährlich

für DM 28,– zuzüglich Porto

* CA antwortet auf aktuelle Fragen aus dezidiert lutherischer Sicht

* CA möchte Ihnen helfen, Gottes Wort der Bibel lebendig aufzunehmen

* CA will, wie Luther, auf Christus verweisen: Er ist Gottes unerschöpfliche Antwort auf die Grundfragen des Lebens

* CA hat befreiende Kunde für Lastenträger: Auf dieser Erde lassen sich keine vollkommenen Verhältnisse herstellen

* CA möchte Ihren Blick öffnen für Gottes gute Schöpfung

* CA erinnert Gesellschaft und Politik an die Gottesgabe der Vernunft und an die Zehn Gebote

Überzeugen Sie sich selbst und fordern Sie Ihr kostenloses Probeheft an!

CA-Abo-Service

im Freimund-Verlag

Ringstraße 15
D-91564 Neuendettelsau
Tel.: 0 98 74 / 6 67 04
Fax: 0 98 74 / 7 26